一人ひとりの育ちをサポートする

子どもの心に寄りそう
言葉かけ

石川洋子・著

メイト

はじめに

　私は、小さい子どもたちに「大好きだよ」と、「おもしろいね」ということを伝えたいと思っています。

　「大好き」と言われれば、心は落ち着きます。ニコッと笑って、心を開きます。心が開けば「何をしようかな」と、遊びに向かえます。

　そして、「おもしろいね」と言ってもらえれば、もっとしてみようと思うのです。

　小さい子どもにとっても、言葉は力をもっています。子どもの気持ちを育てたり、考える力やイメージする力を育てたり、世界を広げたりします。言葉かけは、幼児教育そのものです。子どもの育ちは、私たちの思いも及ばないしくみと深さと不思議さの上にあると、つくづく思います。

　「せんせい、キライ！」と言ってきたら、「先生は、〇〇ちゃん、大好きだよ」と言いましょう。

　アリをじっと見つめている子が、フッとこちらを見たら、「アリさん、どこへ行くのかな、

おうちに帰るのかな」と言いましょう。追いかけていって、アリの生態などいろいろ報告してくれるでしょう。

　ほかの子につい手が出てしまう子に対して、その子のやさしい一面を見つけたときに、「〇〇ちゃん、やさしかったね、先生、見ていたよ」とみんなの前で言えば、本人は変わります。その子を見るみんなの目も変わり、クラスの雰囲気も変わるでしょう。言葉かけは、クラス運営にもつながるのです。

　子どもには、そのとき、その場で、言葉をかけましょう。子どもは、時間や空間が離れると、気持ちや意識も離れてしまいます。そのとき、その場の言動に、幼児教育の言葉をのせていきましょう。

　一人ひとりへのていねいな言葉かけは、個を育て、仲間関係を育て、クラス運営を楽にします。回り道のように思えるかもしれませんが、人は、言葉でこんなふうに変化するようにできているのだと思います。

石川洋子

CONTENTS

PART 2 遊び PLAY

言葉かけの基本

子どもたちに言葉をかける際に大切にしてほしいことを、10の項目にまとめました。
ふだんの園生活の様々な場面で、次のことに着目してみてください。

大切にしたい 10 のこと

1 「大好き」を様々な形で伝える

「大好き」という言葉ばかりでなく、ふれたり、ほめたり、「〇〇ちゃん、すごいね」「先生、うれしかったよ」などの言葉も、大好きの気持ちを伝えます。保育者の笑顔や温かい雰囲気は、子どもに落ち着きと自信を与えます。

2 気持ちに寄りそった言葉かけを

うれしい、悔しい、欲しかった、といった子どもの気持ちを察したり、共感したりして、「〇〇だったんだね」と言葉をかけていきましょう。子どもの行為の結果ばかりでなく、過程も認めていきましょう。自分の思いが否定されず受け止められれば、子どもはホッと落ち着きます。

3 くり返し言葉をかける

毎朝「おはよう」と、同じ言葉をくり返しかけてもらうことで、園は、なじみのある、いつもの場となります。同じ状況で同じ言葉をくり返しかけてもらえれば、言葉の意味もわかっていきます。「待っていようね」の意味も、先を予想することもできるようになるのです。

4 「おもしろいね」の言葉をかける

子どもには、変化を志向したり、「おもしろい」を追求しようとする傾向があります。自分のしていることに「おもしろいね」「〇〇がすてきだね」という言葉をかけてもらえれば、力を得て、もっとしようとします。模倣したり、ごっこ遊びのストーリーを考えたり、工夫したり、誰かと協力したりももっとするでしょう。ただ、本人が集中しているときには、邪魔をしないことも大切です。言葉をかけて欲しいときは、こちらをフッと見たり、声をかけてきたりします。

5 説明をする

「上にあったね」「下に落ちたね」といった言葉は、上、下という概念の形成につながります。「○○すると、△△だね」といった言葉も原因と結果のつながりや、予想する力、考える力、見通しをもつ力を育みます。子どもは、私たちが思った以上に、言葉から概念を獲得しているのです。

6 自己主張をうながす

「イヤ」という言葉は最初の自己主張かもしれません。「どう思ったかな」「言ってみようか」といった言葉かけも、自己主張の大事さを伝えます。思うように言えなかったり、言葉が足りない場合は、補っていきましょう。

7 自分で考えられるように

　ある程度の年齢になると、「何?」「なぜ?」という問いが多くなります。保育者の「何だろう」「どうすればいいかな」「○○するとどうなるかな」といった言葉は、考えるおもしろさやその力を育てます。子どもは、先生との言葉のやりとりが大好きです。

8 ほかの子を教える

「○○ちゃんは、△△の気持ちだったんだよ」「○○ちゃんは、何を作っているんだろうね」といった言葉は、子どもにほかの子の気持ちや意図、存在そのものを教えます。保育者との1対1の関わりから、友達関係へ、そしてクラス全体へと広がっていきます。

9 保育者の気持ちを伝える

子どもは大人の本音を読みます。保育者の「先生、うれしかった」「助かったよ、ありがとう」といった言葉は、子どもに感情表出や本音を言うことの大切さを教えます。感情表出を大事にして、そして次の段階で少しコントロールしたり、相手の感情も大切にすることを知っていくのです。

10 保育者同士の会話も

保育者同士で話している言葉を、子どもも聞いています。協働作業や相談ごと、互いを思いやった会話などすべてが、子どもにコミュニケーションや人間関係の本質を伝えます。子どものまわりにある環境はすべて、丸ごと子どもに入っていくのです。保育者同士の支えがあることも、これらを可能にしていくでしょう。

この本の見方

本誌はひとつのテーマあたり4ページごとに、園生活の様々なシーンに沿って言葉かけを紹介しています。
興味に合わせて、気になるテーマから開いて読み進めていただけます。

テーマのタイトル

言葉かけの例を紹介しています

テーマに沿ったシーンを実際の園生活からピックアップしています

さらに取り入れるとよいおすすめのアイデアを紹介しています

3・4・5歳児への言葉かけで大切にしたいポイントや、言葉かけの実例を紹介しています

このテーマのまとめです

PART
1

生活
LIFE

子どもたちが心を落ち着かせ、安心して園で過ごせるように、
一人ひとりとじっくり関わりながら思いを共有したり、
「次」につながる言葉をかけたりしていきましょう。
その言葉が、子どもの自信や意欲にもつながっていきます。

生活

THEME 01 → 新しい環境

環境の変化によって子どもの気持ちが不安定になったり、とまどったりする姿が見られます。
園が安心できる場所であることを、前向きな言葉かけで、くり返し伝えていきましょう。

0・1・2歳児

Scene 1

泣いている

子どもが泣きやまないと、保育者の気持ちも焦りがちに。「泣きやませなくちゃ」と焦るのではなく、ゆったりと落ち着いて寄りそようにしましょう。

悲しい気持ちに寄りそう

まずは泣いている気持ちや理由に共感します。そのあとで、興味がある遊びに誘ったり、スキンシップをとったりしていきましょう。

『悲しいんだね。ママがいいよね。でも、だいじょうぶだよ』

『いっぱい楽しいことして遊ぼうね』

『ゆらゆらしているね。さわってみる?』

気持ちの切り替え

動きのあるおもちゃや窓の外を見せることで、気持ちが切り替わりやすくなります。

+アイデア

長泣きする場合には?

不安な気持ちが周囲に伝わって「泣きの連鎖」が起きてしまうことがあります。職員間で連携をとりながら、場を分ける工夫をしましょう。園庭に出て気分転換をしたり、兄姉がいる子どもをきっかけに年上のクラスとの関わりにつなげたりするのもおすすめです。

『電車があるから、見に行く?』

scene 2
慣れない場所にとまどう

保育者がゆったりとした心構えでていねいに関わることで、「慣れない場所」が「いつもの場所」になっていきます。

落ち着ける場所を見つける

集団生活に慣れないうちは、まず、園の中に落ち着ける「自分だけの居場所」を見つけられることが大切です。さりげなく集団から連れ出して、落ち着ける場所を探してみましょう。また、進級児が落ち着かないときは、以前のクラスの保育室で過ごしてみるなどして見守っていきましょう。

＋アイデア
事務室の一角を活用することも

ふだんとは違うおもちゃが置いてあることで、「特別な場所」「お気に入りの場所」になる子もいます。

保育者とのふれあい

愛されていること、受け入れられていることがわかると、次第に安心して心を開くようになります。「この先生になら気持ちをあずけてもいい」と感じてもらえるよう、スキンシップとともに言葉かけをしていきます。まず保育者が笑顔を見せて、楽しい雰囲気をつくりましょう。

『○○ちゃん、だーいすき』

『絵本を持ってきたよ。どれがいいかな?』

興味をもてそうな遊びに誘う

その子が興味をもてそうな遊びに誘い、一緒に遊びながら楽しさを伝えていきましょう。「○○と△△、どっちで遊ぶ?」など、子ども自身に選んでもらうのもおすすめです。

＋アイデア

親しんだおもちゃで

最初のころは前年度のクラスで親しんだおもちゃを借りてくるという方法も。子どもたちの安心感につながります。

『おでことおでこ、こっつんこ!』

scene 3
送迎時の対応

子どもたちにも保護者にも安心感をもってもらえる言葉かけで、信頼関係を築いていきましょう。

『いってらっしゃい』の
タッチしようか』

スキンシップを
きっかけに

保護者とはなれがたいときは、ハグやタッチ、握手などのスキンシップを。2歳児クラスになると、「これをしたら別れる」ということがある程度わかるようになり、その子なりに気持ちの切り替えができるようになっていきます。

『○○ちゃん、
おはよう！
今日も、大好きな
△△で遊ぼうね』

明るい見通しが
もてる言葉を

登園時は、子どもだけでなく保護者も不安な気持ちでいっぱいです。園で楽しく過ごせる見通しを伝えることは、保護者に対しても安心感を与えます。

『お帰りなさい。
今日はミルクを
たくさん飲みましたよ』

日中のエピソードを伝える

降園時も泣いている姿が見られがちですが、日中のエピソードをできるだけ具体的に知らせることがポイントです。泣いていることについても「だんだん慣れてくる」という、今後の育ちを伝えましょう。

まとめ

● まずは、不安な気持ちを受け止める。

● 遊びも生活も「初めて」を意識して援助する。

● 保護者にも安心してもらえるような言葉かけを！

3·4·5歳児 言葉かけの ポイント

3歳児のPOINT

幼児クラスへの不安を和らげる言葉を

新入園児がいたり、担任の保育者が変わったりなどの変化がある中で、まだまだ環境の変化には慣れない子がいる年齢です。未満児クラスから幼児クラスへの移行は、子どもにとって大きなステップ。未満児に比べて、わかることが増えてくる分、「どうして私はここにいるの」「なんで先生が変わってしまったの」といった思いを抱くことも。そうした不安を和らげ、安心できるよう言葉をかけましょう。例えば、「○○ちゃんは△△組さんのときこういう遊びが好きだったよね」

のように、その子が前のクラスで親しんでいた遊びや友達のことにふれます。そうすることで、「先生は私のことを知ってくれているんだ」と安心感が生まれます。また、「○○先生のところへ行ってみようか」と、前のクラスの担任に会いにいくのも一案です。
3歳児は下に弟や妹が生まれるケースがあったり、個人差が大きくなってきたりする年齢でもあります。「もう3歳なんだから」ではなく、一人ひとりの心身の状況や、個性に寄りそい、ゆるやかに見守りましょう。

POINTS FOR TALKING

4歳児のPOINT

上下の歳児の話題で進級した実感を

4歳児は、だんだんとまわりのことが見えてきて、「泣くのはちょっと恥ずかしいな」という気持ちも生まれてくるなど、"まわりの中にいる自分"を意識するようになる年齢。上下の歳児についてふれると、4歳児としての自分を客観視できます。「今までいた○○組さんに小さなお友達が入ってきたね」「年長の△△組のお兄さんたちがこんなことをしているね」のように伝えていきましょう。

5歳児のPOINT

子どもの心の動きを言葉にする

5歳児は、一番上のクラスになったという自覚とともに、お兄さん・お姉さんとして小さい子に何かしてあげたいという気持ちも抱いている年齢です。そういった場面では、やさしくしてくれたこと・手伝ってくれたことに対して「すごいね」だけではなく、「○○だと思って手を引いてくれたんだね」「小さい子の気持ちを考えてくれてありがとう」というように、内面に目を向けた言葉をかけましょう。

「できた」の喜び

子どもたちの成長の瞬間に立ち会えることは、保育者にとって大きなやりがいです。
成長をチェックする視点だけではなく、子どもと一緒に喜びながら思いを共感していけるといいですね。

0・1・2歳児

『自分でできたね』

Scene 1

「できた」を積み重ねて自信にする

身のまわりのことを自分でしようとする姿が増えてきます。その一つ一つの姿を認め、自信にできるようにしていきましょう。

『ここを持つといいよ』

さりげなく援助する

着替えを自分でできるようになっても、長袖や上着を着脱するときにうまくいかないことが。最初から保育者が手を貸すのではなく、持つところを伝えるなどして、自分でできた喜びを感じられるようにしていきます。

『できなかったら先生に言ってね』

待つことも大事

1歳児クラスでも、着替えを自分でしようとする子が出てきます。うまくできなくてもすぐに手を貸さず、じっくり待つことが大切です。また、はじめに「できなかったら言ってね」と伝えておくことで、安心して着替えられるようにしていきます。

『手伝っていいの？じゃあ一緒にやろう』

+ アイデア

できるけど甘えたい子には

できるようになったら「全部自分でやりなさい」ではなく、子どもの甘えを受け止めながら、「一緒にやろう。先生はここまで手伝うから、ズボンは自分ではこうか」などと部分的に援助することで、子どもが自分で経験する機会をつくっていきましょう。

scene 2

心の育ちを支える

相手のことを考えられるようになったり、たくさん話が聞けるようになったり。そうした心の育ちにも目を向けていきましょう。

『一緒にやると楽しいね』

『みんなで力を合わせて運んでね』

力を合わせる おもしろさを知る

午睡明けに、布団運びのお手伝い。一人では重くて運べない布団も、友達と力を合わせれば運べることに気づけるように、言葉をかけます。

『少し長いお話だったけれど、みんな静かに聞けたね』

落ち着いた時間を楽しむ

2歳児クラスでは、だんだんと少し長い絵本やお話も静かに最後まで聞けるようになってきます。読み終わったあとにはその余韻を楽しみながら、小さな声で、静かに聞けたことを認める言葉をかけます。

『○○くんも、ここに座りたいんだね。どうしようか？』

自分の思いを相手に伝える

おやつの時間。2歳児クラスでは、自分で座りたい席を決めることに。座りたい席が友達と同じになってしまったときは、保育者が仲立ちをして、お互いの気持ちを知らせていきます。友達の思いを知って別の席に移動をすることができたら、「ありがとう」と伝え、「できた」ことをほめていきましょう。

『○○ちゃん（相手の子）も喜んでいるよ』

年下の子との関わり

自分よりも小さいクラスの子にやさしく接する姿が、少しずつ増えてきます。小さい子にやさしくできるのは、自分が上のクラスの子にやさしくしてもらった経験があるからこそ。そのときのうれしかった思いが子どもたちの中に根づき、「自分も」という思いにつながっていきます。

まとめ

● 身のまわりのことを自分でしようとする姿を認め、見守ったり、さりげなく援助をしたりしながら、「自分でできた」という自信につなげていく。

● たくさん話が聞けるようになった姿、友達への思いやりの心など、内面の育ちにも目を向ける。

3・4・5歳児

言葉かけのポイント

3歳児のPOINT

友達の姿を
まねするように

ほかの子のまねをしたいという気持ちが強く出てくる時期。クラスの中で、きちんとできた子に「〇〇ちゃんすてきだね」「待っててくれてありがとう！」などの言葉かけをすると、まねをしたい3歳児はそんな様子をちゃんと見ていて、「私もやってみよう！」という気持ちにつながります。できていない子に、「やめてね」「ダメだよ」というよりも、とっても効果的です。

待っていてくれて
ありがとう

POINTS FOR TALKING

4歳児のPOINT

やり方を提案し
目的を達成する喜びを

「私はこれをやる！」という目標が明確になる年齢。目標に対して保育者が「こうしてみたら？」と提案したり、「〇〇ちゃんはこんな工夫をしているよ」などいろいろな方法を知らせていきます。そのうちに、「できた！」という喜びも味わえるようになるでしょう。一方で、ほかの子との比較も出てくる時期。それぞれのいいところを見つけ、みんなが違うことを意識できるようにもしていきましょう。

5歳児のPOINT

心の成長や工夫を
具体的に示す

「やさしくできたね」「ちゃんと説明ができたね」だけではなく「下の子が泣いているのに気づいてくれてありがとう」「みんなにわかるように、ていねいに話してくれてうれしいな」など、心の成長や相手のことを考えて行動できたことを認めて、ほめていきましょう。5歳児は、きちんと理由を伝えてこそ、できた喜びを実感し、そこから次はどうしたらいいのかなど考える力をつけていきます。

THEME 03 → 自己主張

成長とともに、自分の思いをしぐさや簡単な言葉で伝えることが増えてきます。それらの主張をしっかりと受け止めて、さらなる成長を促していくための援助の仕方を考えていきましょう。

0・1・2歳児

Scene 1
主張を認め、意欲を伸ばす

何かを「したい」という子どもの思いに気づいたら、その主張を認め、ゆとりをもって見守りましょう。

『○○ぐみさんみたいに登れて、すごいね！』

挑戦する姿を認める言葉を

子どもなりに意欲をもって取り組む姿が見られたときは、危険のないよう配慮しながら、達成感が味わえるように援助します。一人ではまだうまくできないことでも、さりげなく手伝いながら「自分もしたい」という気持ちを満たすことで、次への意欲や自信につながっていきます。

『やった〜！自分で上着を着られたね』

まわりの子に聞こえるようにほめる

子どもの「自分でしたい！できた！」を保育者自身も喜びながら、まわりの子にもさりげなく伝えます。うれしい気持ちをまわりの子とも共有することで、うれしさも倍増します。ほかの子にとっても、よい刺激になります。

SCENE 2
「イヤ」の気持ちに共感する

イヤだという意思表示も、立派な自己主張です。まずは「したくないんだね」と共感しながら、その子なりに納得できる方法を模索していきます。

『おしっこしたくないの？
じゃあ、したくなったら来ようね』

「しなくていい」を保障する

子どもを説得して、させることがゴールではありません。これはしたくないという子どもの気持ちを尊重した上で、そのときにはできなくても、次につながるような言葉かけを意識しましょう。

『あとは帽子をかぶるだけで、
もうお庭に行けちゃうね！』

気持ちが盛りあがるような言葉を

「これをしたら楽しいことが待っている」「先生や友達にかっこいいところを見せたい」そんな子どもの思いを刺激するような言葉がきっかけとなって、やる気が出ることも。誘導するのではなく、あくまでも子ども自身が決められる余地を残して、前向きな気持ちになれるような言葉を心がけましょう。

『食べたくないんだね。
でも、少し食べるところ、
先生は見た』

scene 3
甘えたい気持ちを 受け止める

自己主張と甘えをくり返すことで、子どもは成長します。「できるのにやらない」という捉え方ではなく、「今は甘えたいのかな?」という視点で受け止めましょう。

『少しゴロンしていたいのかな? おやつを食べたくなったら来てね。待っているよ。』

『〇〇ちゃん待っていたよ! 一緒に食べようね』

『〇〇ちゃん、"食べたい"って教えてくれました』

一人ひとりの タイミングを待つ

全体の生活の流れに無理に合わせるのではなく、思いを受け止め、ていねいに関わっていきましょう。子どもの「今はまだ食べたくない」という気持ちを受け止め、自分から「食べてみようかな」と思うまで待つことも大切です。

GOOD

『すごい! ここまでがんばったんだね』

「してほしい」という 要求も満たす

一度できたことが、毎回できるとは限りません。できなかったことに注目するのではなく、少しでもできたことを認めながら、「してほしい」という要求も満たせるとよいですね。

まとめ

● 子どもの意欲や主張に目を向けて、自分から「したい」と思えるようサポートする。

● 「今はしたくない」「できるけれど、やってほしい」といった気持ちも受け止めて、一人ひとりのペースを大切にする。

3・4・5歳児
言葉かけのポイント

3歳児のPOINT

小さな自己主張も認める

自分で自分の気持ちを言えるようになることを大切にしていきたい3歳児。子どもの小さな言葉にも耳を傾け、「〇〇なんだね」と受け止めていきます。自己主張がなかなかできない子には、例えば「イヤ」と言えたら「よく言えたね」と、その姿を認めていきましょう。それによって、子どもは「思ったことを言っていいんだ」と感じるようになっていきます。「〇〇ちゃんは、こう思ったんだよね。△△ちゃんは、どうだったのかな？」と言葉を添え、お互いの気持ちが相手に伝わるように援助していきましょう。そうした

経験の積み重ねによって、子どもは「こういうときはそう言えばいいんだ」ということがわかるようになります。また、保育者の言葉によって子どもの頭の中が整理され、自分の行動や気持ちを振り返ることもできます。
楽しい遊びやインタビューごっこなどで、みんなに自分のことを話せるようにするのも一案。また、当番のときには職員室に「お休みは〇〇さんです」と言いに行くのもいいですね。人に伝える経験が子どもの自信につながっていきます。

4歳児のPOINT

お互いの主張を大切にしながら

少しずつ言葉で思いを伝えられるようになってきます。遊具の取り合いなどのときは「最初に使っていたのは私だよ」などと主張する姿を大切にしながら、「〇〇ちゃんはこう思ったんだよね」「どうしたらいいかな？」と、お互いの主張を認めながら見守ります。我慢したり譲ったりすることが一番ではなく、まずは自己主張をしながら相手の気持ちも知ることで、次に「どうするか」を考えられるようになります。

5歳児のPOINT

自分の思いを遊びに反映する姿を見守る

「こう思ったからこうした」など、自分の思いと行動を結びつけて話せるようになってきます。ごっこ遊びでも、ストーリーをつくり、それを友達と共有しながら楽しむなど、言葉以外でもお互いに伝え合う姿が見られるようになります。保育者はあまり言葉をはさまないようにしますが、伝わりにくそうなときは「こういうことかな」と補ったり、「もう少し聞きたいな」と、イメージを広げるように援助します。

THEME
04 → 食事

毎日の生活に欠かせない食事。一人ひとりの食べる意欲を育み、
みんなで一緒に食べる楽しさや喜びを感じられるような言葉かけや援助の仕方を考えていきましょう。

0・1・2歳児

『おなかがすいたね。
今日は
お肉かな？
お魚かな？』

『おいしそうなにおい！
早く食べたいねー』

Scene 1

食事を
楽しみにする

午前中にたくさん体を動かして遊んだら、い
よいよ食事の時間。食べることを楽しみにす
る気持ちにこたえましょう。

わくわくするような言葉を

調理室から漂うにおいを言葉にして、わくわく感を高め
ます。手を洗い、テーブルについてエプロンをかけるな
ど、いつも同じように援助することが、子どもの安定感
と見通しにつながっていきます。準備をしている間にも、
食事が楽しみになるような言葉をかけて、子どもたちの
"食べたい"意欲を引き出しましょう。

『ごはんの
時間だよ』

食事の前に
気持ちを
落ち着かせる

0歳児は、食事の前にだっこを
するなどして気持ちを安定させ
てから「ごはんだよ」と言葉を
かけ、食事の時間を迎えられる
ようにします。食べるときの姿
勢も大切。必要に応じてクッ
ションなどを用いて、安定した
姿勢で食べられるようにします。

＋アイデア
食べることの意味も
伝えながら

食べることの意味や大切さも伝えていきましょ
う。「○○ぐみさんみたいに大きくなれるよ」「○
○を食べると、力が出て元気に遊べるよ」など、
意欲がわくような言葉で、遊ぶことと食べるこ
とがつながっていることも伝えたいですね。「○
○を食べないと△△できないよ」「食べなきゃ
ダメ」など、否定的な言葉は避けましょう。

SCENE 2
「食べてみようかな」の きっかけづくり

様々な食べ物に関心をもち、子どもたちが「食べることが好き」と思えるような言葉かけや関わりを心がけていきましょう。

『ひと口だけ食べてみる？』

無理にすすめない

子どもの「食べたくない」には、様々な理由があります。それを無理に食べさせると、子どもにとって食事がつらいものになってしまいます。「残さず食べるよりも、まずは楽しく食べることを大切にしよう」など、クラスや園全体で共通理解を図り、それに向けて職員全員が同じ意識で子どもの食に向き合えるといいですね。

『先生、これ大好き！○○ちゃんも食べてみる？』

おいしいかもと思える言葉

「先生が『好き』って言っているから、ひと口食べてみようかな」。そんな気持ちがもてるような言葉を意識し、少しでも食べられたときには、ほめることで次への意欲につなげていきましょう。

＋アイデア

食材への興味を育み、食べる意欲につなげる

絵本や紙芝居を見ながら食材の色や形、味を伝えたり、栽培活動を通して興味を育むのも効果的です。絵本をきっかけにピーマンに興味をもったら、ピーマンを栽培したり、運動会の種目に取り入れたりしても。日々の活動や行事と食をつなげることで、子どもたちの食材への興味もより深まっていきます。

SCENE 3

完食する喜びを味わう

「満足する量」は一人ひとり異なります。その子にとっての適量を見極め、食べられたという達成感を味わえるようにしていきましょう。

"MOGU MOGU"

『たくさんカミカミして全部食べられたね』

『やったね！お皿がピカピカ！』

『全部食べられたって、ママとパパにも教えてあげよう！』

全部食べられた満足感を味わう

全部食べられてお皿がきれいになると、子どもたちはうれしそうに見せてくれます。「ピカピカになってうれしいね」と、その姿をしっかりと受け止めます。2歳くらいになると、友達のお皿がピカピカになったのを見て、「ぼくも！」とがんばる姿も。よくかんで食べている姿も認めながら、食べる意欲を支えます。

＋アイデア

その子が食べたいと思う量が「適量」

規定量の完食が目的ではありません。どれくらいの量を食べられるのか、一人ひとりの適量を見極めることが大切です。「もういらないかな？」と思ったら意思確認をして終わりにするなど、様子を見ていきましょう。

まとめ

● 友達や保育者と「おいしいね」などと共感し合いながら食べることで心も体も満たされ、食事の時間が楽しいものになる。

● 一人ひとりの適量を知り、食べられたという満足感を得られるようにすることが、食べる意欲にもつながっていく。

3・4・5歳児

言葉かけのポイント

3歳児のPOINT

嫌いなものを無理強いしない

食への好みがはっきりし、好き嫌いが増えてくる3歳児。嫌いな食べ物がある場合は、無理強いせずに、まずは「食事を作ってくれている先生のところに見に行こうか」などと、食に関する興味が増すアプローチをしてみましょう。栄養士や調理師に「こうやって作っているんだよ」と、調理の様子を見せてもらったり、「いっぱい食べられるようになったね」とほめてもらったりすることもおすすめです。

また、はしをなかなか使おうとしないときや、まだ上手に使えないときは、はしを動かす指の力をつける練習を意識しましょう。お絵描きで「たてにまっすぐ線を引いてみよう」「ぐぐぐっと力強く塗ってみよう」などと筆やクレヨンなどを思い通りに動かす練習をすることで、徐々にはしの使い方も上手になっていきます。また、食事のときは好きな食べ物で慣れていくと、「好きな食べ物を食べたい！」という気持ちが「はしをうまく使いたい！」という意欲につながります。うまくできなくても、「先生も小さいときはなかなかむずかしかったんだよ」などと、気持ちに寄りそうことが大切です。

POINTS FOR TALKING

4歳児のPOINT

みんなで食べることの楽しさを伝える

友達とおしゃべりをしながら、食事できるようになります。「みんなで食べるとおいしいね」「元気が出るね」などと、みんなで食べる楽しさを実感できる言葉かけをしましょう。また、園で動植物を育てていたら、「カメは何を食べるんだろう？」「花が咲いたよ！　あげたお水をいっぱい飲んだからだね」などと伝えることで、動物も植物も同じように栄養をとることに気づけ、食への関心にもつながります。

5歳児のPOINT

食べる意味や効果を伝える

「食べることは大きくなるために大事なことだよ」「しっかり食べないと、バイキンに負けちゃうことがあるよ」などと、食べることの理由や体への影響を説明することが、食べる意欲につながります。また、保育者のお手伝いをしたり、友達のためになったりすることが、うれしいと感じる年齢でもあるので、みんなの前に出て「いただきます」のあいさつをする取り組みもおすすめです。

THEME 05 → # 睡眠

園生活のリズムを身につけ、心身ともに安心して眠れるようになるための働きかけや、
言葉かけの仕方を考えていきましょう。

0・1・2歳児

『この絵本を読んだら
お昼寝しようね。』

Scene 1

午睡の前に

あわただしくなりがちな午睡前の時間。無理なく眠りへ移行するためにも、ていねいに言葉をかけていきましょう。

『着替えをして
お昼寝しようね。』

流れを言葉で伝える

言葉でのコミュニケーションがむずかしい年齢でも、これからやることをわかりやすい言葉で伝えます。ゆったりとした心構えで、言葉を添えながらくり返すことで、子どもたちの生活リズムが安定していきます。午睡前の読み聞かせは、穏やかな声でゆったりと読みます。

『おなかいっぱいになったね。』

『起きたら、〇〇をして遊ぼうね。』

『たくさん遊んだから、お昼寝をして体を休めよう。』

理由とともに知らせる

体を休める大切な時間であることを知らせるとともに、起きたらまたたくさん遊べるという楽しみな気持ちをもって入眠できるようにします。

+アイデア

安心して入眠するために

"信頼できる人に見守られている"という安心感の中で眠れるようにしていきましょう。午睡のときだけではなく、日中、たっぷりスキンシップやコミュニケーションをとり、子どもの思いや欲求を受け止めることが大切です。

SCENE 2

ゆったりとした
雰囲気づくり

「早く寝かせよう」という焦りは、子どもに伝わります。ゆったりとした雰囲気づくりを大切にしましょう。

『そばにいるから大丈夫だよ』

『今日は、○○をして遊んで楽しかったね』

やさしく語りかける

ゆったりとした気持ちで、その日のことを振り返りながらやさしく話しかけたり、心がほぐれるようにスキンシップをとります。そばで見守っているという安心感を与えながら、気持ちにゆとりをもって接することが大切です。

SCENE 3

早く目覚めて
しまったら

中には早めに目覚める子がいることも想定しながら、ゆとりのある保育を心がけていきましょう。

『横になってもう少し体を休めようね』

無理に寝かせようとしない

「この時間まで寝かせていなくちゃ」と、保育者の思いにはめようとせず、眠らなくても布団の上でゴロゴロしているだけでよいことを伝え、寄りそいます。ただし、すべての子に同じようにではなく、家庭での睡眠状況などに応じて個別に対応していきます。

「いっぱい遊んだから疲れちゃったよね」

「また眠たいよね」

SCENE 4

ここちよい目覚め

目覚めるまでに時間がかかる子もいます。無理に起こしたりせず、一人ひとりとじっくり関わりながら、ここちよい目覚めを促していきましょう。

「届くかな？」

「さすってあげろおやつが」

共感しつつ、期待がもてる言葉を

子どもの思いを受け止め、共感の言葉を添えます。「わかってくれている」と感じられることが安心感へとつながっていきます。次が期待できるような言葉をかけながら、やさしく体をさすったりだっこをしたりして、スキンシップをとりながら気持ちよく目覚められるようにしましょう。

＋アイデア

子ども同士の関わりも大切に

2歳くらいになると、友達を起こそうとしてくれる子もいます。やさしくトントンしたり、声をかけられるように見守りながら、子ども同士の関わりを大切にしていきましょう。

まとめ

● 日中の遊びや食事の時間などもじっくりと関わり、安定した関係を築くことで、安心して午睡もできるようになる。

● なかなか寝つけないときにも、焦らず、ゆったりとした気持ちで関わることが大切。

3・4・5歳児
言葉かけのポイント

3歳児のPOINT

午睡に前向きに入れるように

心を落ち着けて、眠れる環境づくりや言葉かけを心がけましょう。まだ遊びたい気持ちが強い子には、「もう寝るから遊ぶのやめるよ」「早くかたづけて」などと伝えると、寝ることに抵抗を感じるようになります。「おもしろかったね。少しお昼寝して、元気になったらまた遊ぼうね」などと言葉かけをし、前向きに気持ちの切り替えができるようにしましょう。

4歳児のPOINT

午睡しなくてもいい体力がついてくる

4歳ごろから体力もついてきて、あまり寝ない子が出てきます。無理強いはせずに、「体は大丈夫かな？疲れてるって言ってないかな？」などと、自分の体調に目を向けられるような言葉をかけつつ、寝たくない場合は静かに絵を描いたり、本を読んだりして過ごすといいでしょう。途中で起きた子に対しても同様に、「今日はあまり眠くないかな。こっちで静かに遊んでいようか」と伝えましょう。

POINTS FOR TALKING

5歳児のPOINT

午睡を強要することが逆効果になることも

午睡することで夜に眠れなくなる子や、午睡が嫌で園に行きしぶる子が出てくることがあります。寝なくても、横になって体を休ませるような気持ちで対応しましょう。「眠る時間だね」と言いつつも、「ゴロゴロしていいんだよ」「静かに遊んでいようね」と無理に寝かしつけないようにしましょう。また、2・3歳児のところに行ってトントンと寝かしつけるお手伝いをする取り組みもおすすめです。「先生と一緒にお手伝いしてくれる？」と誘ってみましょう。

とはいえ、睡眠は5歳児にもとても大切。保護者に、家庭での睡眠の様子を確認してみましょう。「あまり園ではお昼寝しないみたいですが、おうちではどうですか？」と家庭での睡眠の様子について聞いたり、「今日は寝ていなかったので、夜はたっぷり寝ると思いますよ」と園での様子を伝えたりしてください。また、子どもが園で眠そうにしているときや、「おうちで寝ない」と相談されたときは、「脳を作っていく大事なときです。暗くして寝るといいですよ」などと伝えましょう。

THEME 06 → 衛生・清潔

手洗いの習慣を身につけたり、清潔にするここちよさに
子ども自身が気づけるようになるための言葉かけについて考えていきましょう。

0・1・2歳児

Scene 1

手洗いの
大切さを知る

食事やおやつの前、トイレのあと、外遊びの
あとなど、手洗いの習慣を身につけられるよ
うにていねいに関わっていきましょう。

『バイキンさんに
バイバイしようね』

子どものイメージと結びつけて

手洗いの絵本を読んだあとなどには、水で泡を洗い流すときに「今、バイキンが流れていったよ」と口にする子も。なじみのある言葉を使うことで、目には見えなくても、絵本のストーリーからのつながりで、バイキンが流れてきれいになったことを子どもたちは実感します。

『指と指の間は
汚れていないかな？
手の甲も洗うと
かっこいいよ』

手洗いの手順を
身につけるために

1歳児クラスでは動作を言葉にしながら、しっかりと援助していきます。2歳児クラスでは、自分で蛇口をひねって水を出す→手をぬらす→泡をつける→ゴシゴシ洗って流す→蛇口をひねって水をとめるという一連の動作ができるように、くり返し一緒におこなっていきます。

＋アイデア

手洗いが楽しめるように

食事前の手洗いでは、「今日のメニューは○○だよ。いいにおいがするね」などと、食事が楽しみになるような言葉をかけながら、「手を洗ってきれいにしてからごはんを食べようね」と伝えます。また、手洗い場を駅に見立てて、水道まで電車ごっこで行くなどし、手洗いが楽しくなるような工夫も。

scene 2

清潔の気持ちよさを知る

「きれいになったね」「気持ちがいいね」などと毎日くり返し言葉をかけ、清潔にするここちよさを伝えていきましょう。

『きれいになって気持ちがいいね』

『口のまわりと手をふいてごちそうさまをしようね』

気持ちがいい感覚を言葉にする

手づかみ食べと合わせながらも、スプーンを使って自分で食べる姿がたくさん見られるようになる1歳児。食べ終わったあとは、「きれいにしようね」「さっぱりして気持ちがいいね」と言葉をかけながら、口のまわりや手をふくと気持ちがいいという感覚や習慣を身につけていきます。

『端と端を一緒に持って、半分こ。上手にたためたね』

まねから習慣に

使い終わったタオルを保育者がたたむのを見て、まねをする子も。ていねいに関わりながら、「使ったらたたんでかたづける」習慣も身につけていきます。

SCENE 3

自分で
清潔にしようとする

きれいにしてもらう経験を重ねていくうちに、
自分で意識してできることが増えてきます。

『きれいに
食べられたね。
タオルに食べ物が
全然ついて
いないよ』

パチ パチ

ほめて
自信につなげる

2歳児クラスでは、口ふき用のタオ
ルがほとんど汚れない子も増えてき
ます。一緒にタオルを見ながら上手
に食べられるようになった姿を認め、
自信につなげていきます。

『自分できれいに
できたね』

まとめ

● 手洗いのときには「バイキン」など
わかりやすい言葉を交え、必要性や
手順をくり返し伝えて習慣にしていく。

● 食後に手や口をふいたり、鼻水を
ふいたりしたあとには、「気持ちが
いいね」と言葉を添え、清潔にする
ここちよさを伝えていく。

3・4・5歳児

言葉かけのポイント

3歳児のPOINT

バイキンを流すための手洗いとわかるように

まずは「手にバイキンがついているよ」などと、何も見えなくても、バイキンが手にいることを意識できる言葉かけをしましょう。「バイキンどうかな？先生が見てあげるよ……あ！　いた！」などと、子どもが興味をもつように話すのもおすすめです。その上で、「手を洗って、バイキンを水に流してきれいにしようね」と、手を洗うことの大切さをくり返し説明しましょう。

あ、バイキンいたよ！

POINTS FOR TALKING

4歳児のPOINT

手洗いのタイミングが自分でわかるように

4歳児になると、「外で遊んだときや、食事の前、トイレのあとなどは、手を洗わなくてはいけない」ということがわかってきます。しかし、遊びに夢中でついつい忘れてしまったり、保育者が見ていないと思うとしなかったりすることも。そんなときは、「それでいいのかな？」「こんなとき、どうするんだったかな？」などと、自分で考えることができる言葉かけをしましょう。

5歳児のPOINT

自分で判断したことも含めてほめる

基本的な生活習慣が身につき、自分のことが自分でできるようになります。手洗いはもちろん、「汚れたり、汗をかいたりしたから服を着替えよう」などと、状況に合わせて自分で判断できるように。そのような場面では、「自分で考えて着替えたんだね！」などと、その行為だけでなく、考えたことも含めてほめることが大切です。それを周囲の子どもも見ていて、クラス全体の雰囲気につながっていきます。

生活

THEME 07 → 排泄

子どもは快・不快の感覚を知ることで、排泄を自覚しながら自立を目指していきます。排泄にマイナスのイメージをもつことのないようにコミュニケーションを取りながら、温かい言葉を添えていきましょう。

0・1・2歳児

『あんよが出るかな？』

SCENE 1

1対1の関わりを大切に

集団生活の中で、オムツを替えるタイミングは子どもと保育者が1対1で関わることができる貴重な時間です。

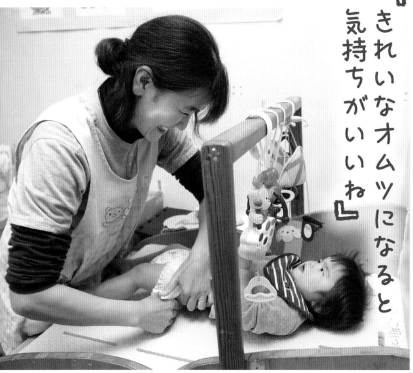

『きれいなオムツになると気持ちがいいね』

状態を言葉にして伝える

「さっぱりしたね」「すっきりしたね」「気持ちがいいね」といった言葉とともに、今の自分の状態に気づけるようにしていきます。オムツを取ったときの開放感なども言葉で代弁できるとよいでしょう。また、オムツ替え前後の着脱の際も、動作を言葉にしていきましょう。

＋アイデア

個人差に応じて、焦らずに進める

時間に追われてしまいがちでも、一人ひとりの排泄の状況に応じて、ゆったりと関わるようにしましょう。子どもが失敗したときも「出たから替えようね」「だいじょうぶだよ」と、さらりと受け止めていきます。

『トイレに着いたから、ここに座ってみる？』

SCENE 2

排泄の自立への第一歩

保育者が「出たかな？」「トイレに行く？」などと言葉で伝えていくことで、次第に排泄の感覚を身につけたり、自覚をしていくようになります。

『すごいね！おなかがすっきりしたね』

まずは出なくてもOK

0歳児クラスでも後半になったら、トイレに興味のある子を誘ってみましょう。その場合は、実際に出ることはなくても構いません。まずはトイレという場に慣れたり、「便座に座る」ことへの自覚を促していくと、その後の排泄の自立へとつながっていきます。

＋アイデア

トイレに行くよりも遊んでいたいとき

遊びが楽しくて、なかなかトイレに行けないときは、「遊びたいんだね」と思いを受け止めて共感した上で、「オムツがぬれているね。重いから、早く取り替えちゃおうか」など、今の状況を具体的に伝え、排泄の自覚につなげていきましょう。排泄後の遊びの続きを保障するような言葉かけもおすすめです。

出たときは一緒に喜ぶ

トイレに誘い、タイミングが合って「座ったら出た」ときには一緒になって喜んだり、ほめたりして意欲や自信につなげていきましょう。偶然でもそういった経験を重ねることで、トイレで排泄することに少しずつ慣れていきます。また、保育者が喜んでくれることは子どもにとってもうれしいもの。前向きな気持ちにつながります。

scene 3
トイレを楽しい場所にする工夫

家とは違う園のトイレの環境に苦手意識をもつケースもあります。不安を取り除き、まずはトイレに慣れるための環境設定と、言葉かけを工夫しましょう。

『トイレに行きたい人〜？先生と一緒に行こう！』

『カニさんも、がんばれって応援しているよ』

『パンダさんに会いに行かない？』

子どもたちが好きな装飾を取り入れて

子どもたちが好きな動物などの装飾を取り入れ、「なんだか楽しそうな場所だな」と、子どもたちが行ってみたくなるような言葉をかけて、興味をもつきっかけにするのもおすすめです。怖い・薄暗いといったネガティブなイメージを和らげてくれます。

＋アイデア
自分で選ぶと楽しさアップ！

好きなイラストや柄のオムツやパンツを自分で選ぶことで、意欲的に取り組むことができ、排泄に楽しいイメージをもてるようになります。「どっちのオムツがいいかな？」「どっちのパンツがかっこいい？」など言葉をかけてみましょう。

まとめ

- 保育者との1対1の温かいやりとりを通じて、オムツを替えてもらうことが、快適と思えるような言葉をかける。

- トイレでの排泄では、まずはその場に慣れ、排泄にネガティブなイメージをもたないよう、子どもが楽しくなるよう心がける。

3・4・5歳児 言葉かけのポイント

3歳児のPOINT

見通しをもって トイレに行けるように

「今から散歩に出かけるので、トイレに行きましょう」などと、見通しをもてるような言葉かけをしましょう。また、3歳児はまだまだ失敗することが多い年齢。そんなときに、「え！ もらしちゃったの⁉」などと、大げさに反応してしまったり、責めたりしてしまうと、排泄に対する不安が大きくなってしまいます。「ちょっと冷たくなっちゃったね」「着替えようね」などと、さりげなく対処しましょう。

4歳児のPOINT

自分で判断できる 言葉かけを増やす

「トイレに行きたければ、いつでも行っていいんだよ」などと、自分で判断できるような言葉かけを増やしていきましょう。言われたタイミングだけでなく、自分で判断できるように促すことが大切です。また、「うんちがなかなか出ない」「決まった場所でしかうんちができない」など、排泄に対する不安を抱えやすい年齢。排泄することの大切さを、言葉や絵本などでも伝えていきましょう。

POINTS FOR TALKING

5歳児のPOINT

友達の前で対処しないように

5歳児になると、排泄の失敗に対して「恥ずかしい」という気持ちが強くなります。そんなときに、「恥ずかしいね」「5歳児さんなのにな」などと責めるような言葉をかけると、さらに排泄に対する自信をなくし、失敗が多くなるという悪循環に陥ってしまうことも。失敗してしまったときは、部屋を移動し、友達に見られない場所で対処しましょう。3歳児と同様に、「着替えをすれば大丈夫だよ」と、失敗したことを「いけないこと」と思わせないような言葉かけが大切です。

また、まわりの子が友達のトイレの失敗に気づいたときは、「○○ちゃん、今日はちょっとお昼寝が短かったせいかな」「今日は寒いからね」などと理由を伝えつつ、すぐに話題をそらしましょう。「大したことじゃない」と思えるような言葉かけが必要です。家庭の影響もあるので、それとなくおうちでの様子を聞いてみましょう。もし、子どもたちが失敗した子を責めるようであれば、「誰にでもあることだよ」とさりげなく対応してください。

THEME 08 → 約束やルール

ここちよく過ごしたり、楽しく遊べるように、
生活や遊びの中での約束やルールを守ろうとする気持ちを育んでいきましょう。

0・1・2歳児

scene 1

ここちよく過ごすための生活の中の約束

「待つ」「並ぶ」「かたづけ」など、ここちよく過ごすために身につけていきたい約束を、保育者が手本となりながら伝えていきましょう。

『上手に並んで歩いていてかっこいいね！』

『お外に行くから、かたづけを始めようか』

肯定的な言葉で伝える

約束を伝えるときは「○○しちゃダメ」ではなく、「○○しようね」と、肯定的な言葉をかけていきます。また、約束を守れている子には「かっこいいね」「上手だね」と言葉をかけ、まわりの子にその姿を知らせていくことで、まわりの子の「ぼく（私）も」という意欲につなげていきます。

何のためにするのかがわかるように

かたづけをすることや待つことは、ここちよい生活を送るための約束です。「外に行くからかたづけよう」「おやつだからきれいにしよう」など、何のためにそうするのか、理由を添えながら伝えていきます。

『みんなで一緒に行けるように、少し待っていようね』

『かごの中にやさしく入れられたね』

『○○ちゃん、おかたづけ上手にできたね！』

認められるうれしさを感じて

0歳児クラスでも、保育者が手本を見せ、一緒にかたづけをしていきます。できた子には「○○ちゃん、ちゃんとかごの中に入れられたね」と言葉をかけ、その姿を認めていきます。かたづけられた子を認める言葉をかけることで、まわりの子も同じようにできる姿が増えていきます。そして少しずつ、認められるうれしさやみんなと同じようにできるうれしさを感じられるようにしていきます。

『こうして遊ぶと楽しいね』

Scene 2

楽しく遊ぶためのルールを知る

ルールのある遊びでは、一人ひとりの思いを受け止め、ルールを守って遊ぶと楽しいことに気づけるようにしていけるといいですね。

まずは簡単なルールから

簡単なルールの中で、保育者や友達と追いかけっこをしたり、隠れたり見つけたりすることを楽しみます。ルールは、「音楽を聞く」「友達とつながって歩く」など、段階を追って知らせていきます。遊びを進める中で、思い通りにならない葛藤も出てきますが、それぞれの気持ちを受け止め、"みんなで遊んで楽しかった"と思える経験を積み重ねていきましょう。

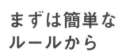

『みんな音楽をよく聞いてすごいね』

＋アイデア

ルールのある遊びとして、2歳児クラスで楽しめるもの

少しむずかしいルールでも、順を追って説明をすると理解できるようになっていきます。ある程度くり返すことで、予想したり、考えたりする力もつきます。

かくれんぼ	しっぽ取り
むっくりくまさん	だるまさんがころんだ
オニごっこ	椅子取りゲーム
あぶくたった	など

気づく経験を積み重ねる

無意識に横入りなどをしてしまう子には、みんなが並んでいることに気づけるように言葉をかけます。順番よりも自分の思いが先走ってしまう子には、保育者がそばについて待てるようにすることも。そしてその子の順番が来たときには「ちゃんと待てたね」と認め、"なんとなくの成功体験"を積み重ねていきます。

『あれ？みんな順番に並んでいるよ。○○ちゃんは、ここでいいのかな？』

『先に来た人からだよ。○○ちゃんの次に並ぼうね。』

ルールを守る感覚を少しずつ育てる

「順番」の意味をまだ理解できていない1歳児も、「こうすればまわりの人は笑顔でいてくれる」という感覚が少しずつ育っています。「小さいから先」ではなく、「お兄ちゃん（お姉ちゃん）のあとに並ぼうね」と言葉を添えることで、「後ろに並ぶと楽しく遊べる」というここちよさを体で覚え、だんだんと身についていきます。

＋アイデア

おもちゃや遊具を貸せないときは

「まだ使いたいよね」と気持ちを代弁しながら、「○○ちゃんも使いたいって言っているから、もう少ししたら貸してあげられるかな」「いらなくなったら貸してね」など、"ほかに使いたい子がいる"ことに気づけるような言葉をかけていきます。

まとめ

● 生活の中での約束を守れた子どもの姿をまわりにも知らせ、その子の自信やまわりの子の意欲につなげていく。

● 遊びや生活のルールを知らせることは、ルールを守って遊ぶことの楽しさに気づいたり、予想したり、考えたりする力を育むことにもつながっていく。

3・4・5歳児

言葉かけのポイント

3歳児のPOINT

理由とともに根気強く伝える

3歳児は、順番や交代、待つことなどをだんだんと身につけていく年齢です。その際、ただ約束やルールを守らせるのではなく、「○○だから待とうね」と、理由とともに伝えます。まだまだ自分が先にしたい気持ちが抑えられないこともありますが、根気強く伝えることが大切です。ちょっと待てば、必ず自分の番がまわってくるという体験を重ねられるようにしましょう。

4歳児のPOINT

ルールを守るよさを感じられる言葉を

4歳児になると少しずつセルフコントロールが身につき、約束やルールを守れることが多くなってきます。「○○ちゃんは、こんなふうにして待ってあげていたよ。先生うれしかったな」のように、ほかの子の前で伝えると、クラス全体にも広がっていきます。また、ジャンケンもできるようになる年齢なので、発達差に関わらず同じ確率で勝ち負けを決められる手段として取り入れるのもおすすめです。

5歳児のPOINT

子どもがルールを決めるための補助役に

5歳児は、ルールが絶対的なものではなく、相対的に決めることができるものだと学んでいく年齢です。「先生に言われたから」ではなく、自分たちで考え、遊びの中などで状況に応じてルールを決めていくこともできるようになります。「○○ちゃんは走るのが苦手だから、こうしたらいいんじゃないかな」と相手のことを考えたり、「△△を足したら、もっとおもしろいよ」と、より遊びをおもしろくするアイデアを考えたりする姿が見られるようになってきたら、「○○くんからこういう意見が出たけれど、みんなはどうかな？」と、クラスに広げていく役割に徹します。

みんなで決めたルールを守れない子がいたときは、名指しせず、あとから「○○のときはどうするんだったかな？」とみんなでルールを確認するだけでも充分です。子どもたちから「○○のときは△△する」といった声があがり、本人にもどうするべきだったかが伝わります。みんなで決めたことをみんなでやるということが徐々に広がり、しぜんとルールが守れるようになっていくでしょう。

生活

THEME 09 → ほめ方・伝え方

日々の成長や、何かをやろうとする姿を認め、子どもたちの自信につなげていくには、どのような
言葉かけをすればよいのでしょうか。子どもたちの心に響くほめ方・伝え方について考えていきましょう。

0・1・2歳児

scene 1

日々の姿や行動を ほめる・認める

子どもの姿や行動をあるがままに受け入れ、
日々の成長を喜ぶ気持ちを伝えていきましょ
う。それは、ほめることと同じ意味をもちます。

子どもと一緒に喜ぶ

自分で何かをしようとする姿も増えてきます。今までできな
かったことや、苦手なことができたとき、その瞬間をちゃん
と見てくれているということは、子どもにとってもうれしい
もの。一緒に喜ぶことで、保育者に対する信頼も深まります。

『お着替え、
がんばってみよう。
先生、見ているよ！』

『お顔が出たよ。
○○ちゃんすごいね！』

"やろうとする姿"をほめる

着替えに時間がかかったり、うまくいかないこ
ともありますが、やろうとする姿を認めていき
ましょう。その認められている姿をまわりの子
も見ているので、よいモデルとなります。

GOOD!

『苦手な○○を
食べられたんだ。
かっこいい！』

+アイデア

1対1だけではなく、 みんなに伝えていく

子どもの行動を認めたりほめたりするときには、
1対1で伝えるだけでなく、まわりの子にも伝
えていきます。その子にとっては大きな自信と
なり、まわりの子にとっては「自分もやってみ
よう」という意欲につながっていきます。また、
保護者にもその姿を伝えて、ともに成長を喜び
合っていけるといいですね。

scene 2

「ありがとう」を伝える

大好きな保育者からの率直な気持ちや「ありがとう」の言葉は、子どもの「次もやってみよう」という思いにつながっていきます。

『おはよう。笑顔で来てくれてうれしいな』

うれしい気持ちになったとき

入園当初は毎日のように泣いていた子も、保育者との信頼関係ができてくると、笑顔で登園する姿が見られるようになります。うれしいよ、という気持ちを伝えましょう。

『お友達にやさしくしてくれて、ありがとう』

思いやりを感じたとき

2歳くらいになると、自分より小さい子にやさしく接する姿も見られるようになります。そのやさしさに「ありがとう」を伝えながら、思いやりの気持ちを育んでいきましょう。

『帽子、持ってきてくれてありがとう』

進んで何かしてくれたとき

「自分のマーク」がわかるようになると、散歩や外遊びのときに自ら帽子を持ってきたり、くつ箱からくつを出すようになります。自分のマークがわかったこと、帽子やくつを持ってきてくれたことなど、一つ一つの行動を認めていきましょう。

Scene 3
「してほしくないこと」の伝え方

頭ごなしに子どもの行動を否定するのではなく、大切なのは、なぜいけないのかをわかりやすく伝えることです。

『走ると友達とぶつかってケガをしちゃうよ』

『○○ちゃんがケガをすると先生は悲しいな』

そうすると どうなるのかを伝える

走るとどうなるかを伝えることが大切です。また、保育者の気持ちも伝えると、子どもは「大好きな先生が『悲しい』と思うことはやめよう」と感じられるようになっていきます。

『○○ちゃんも使いたかったんだ・ね』

『じゃあ、どうしようか』

相手の気持ちを伝えて、一緒に考える

ものの取り合いになったときなどは、お互いの気持ちを代弁し、相手の気持ちも伝えながら、どうするかを一緒に考えていきます。順番に使う、隣のクラスに同じおもちゃを借りに行くなど複数の選択肢を設けて、なるべくお互いが納得できるような解決方法を探っていけるといいですね。

＋アイデア
危険な行動をしそうなときは？

大人が大声を出すと、ほかの子どもが驚いて、そこからまた危険が広がる恐れも。とっさのときには「ダメ！」よりも、その子の近くにいる保育者がフォローできるように「○○ちゃん！」と名前を呼ぶようにします。

まとめ

● 子どものありのままの姿を受け止めたり、できたことではなく、やろうとする姿を認め、そのときのうれしい気持ちを笑顔で伝える。

● してほしくない行動をしたときには、相手の気持ちを伝えたり、してはいけない理由を保育者の気持ちも添えてわかりやすく伝える。

3・4・5歳児 言葉かけのポイント

3歳児 のPOINT

"いい子だから"ではなく 自己主張をほめる

ほめると言っても、いいことをしたときだけではなく、「ちゃんとイヤって言えたね」「みんなの前で言いたいことが言えたね」など、自分の思いを主張できたときにも、それを認める言葉をかけるようにしましょう。自分のことが伝えられるようになると、相手の話も聞けるようになります。また、伝えたいことがあるときは、「○○だから△△しようか」のように、理由を添えると理解しやすくなります。

みんなの前で言えたね

POINTS FOR TALKING

4歳児 のPOINT

まわりの子にも 思いを共有する

仲間との関係性の中で育っていく年齢です。いいことも悪いことも、「○○ちゃんはこういうふうに思ったから、こうしたんだね」のように、その子の思いがほかの子たちにも伝わるよう橋渡しをしましょう。してほしくないことがあったときは、「○○してはいけません」などの禁止ではなく、「こういうときは、どうするんだったかな?」と、自分で考えられるような言い方をします。

5歳児 のPOINT

みんなの前で 具体的な言葉で認める

自分なりのアイデアを試したり、工夫したりできるようになってきます。「○○を△△になるように工夫したんだね。先生思いつかなかった」など、本人がおこなったことの細かい中身についてふれ、みんなの前で認める言葉をかけましょう。ふだんあまりほめられない子に対しても、マイナスよりもプラスの面に目を向けて、「一生懸命考えてくれたね」「先生うれしいよ」などと伝えていくことが大切です。

進級に向けて

年度末が近づいてくるころからは、進級を意識した言葉かけが大切になります。
大きくなったことに喜びを感じながら、進級への期待感がもてるような援助の仕方や、
新しい環境に無理なく移行するための方法をお伝えします。

0・1・2歳児

scene 1

進級後の クラスを見に行く

進級後に使う保育室で実際に過ごしてみることで、今後の見通しが立ちやすくなります。

『○○ぐみさんたち、楽しそうだね。一緒に遊んでみる?』

見通しがもてる言葉を

初めのうちは不安を感じたり、様子をうかがったりするかもしれませんが、年上の子どもたちの活動を見せることは、見通しをもつことにつながっていきます。じっくり過ごしてみたいときは、進級後の保育室が空いている時間を活用しましょう。

GO!!!

『もうすぐ○○ぐみさんになるから、お部屋に行ってみよう!』

＋アイデア

進級後の イメージを伝える

「○○ぐみさんになったら、△△だね」といった、期待感のもてる見通しを伝えるのもおすすめです。「○色の帽子になるね」「遠くまでお散歩に行けるね」「大きなプールに入れるね」など、進級後の具体的なイメージを伝えていきましょう。

SCENE 2
進級への期待感の高まり

もうすぐお兄さん・お姉さんになるという期待感が、自信へとつながっていきます。

意欲的な姿を認める

生活面での意欲的な姿に対して、肯定的な言葉かけをしていきましょう。今までできなかったことや、むずかしかったことがだんだんできるようになったり、挑戦する姿が見られるようになります。自分でできたときは、まわりの保育者や友達と喜びを共有できる言葉かけを。さらなる意欲や自信につなげていきましょう。

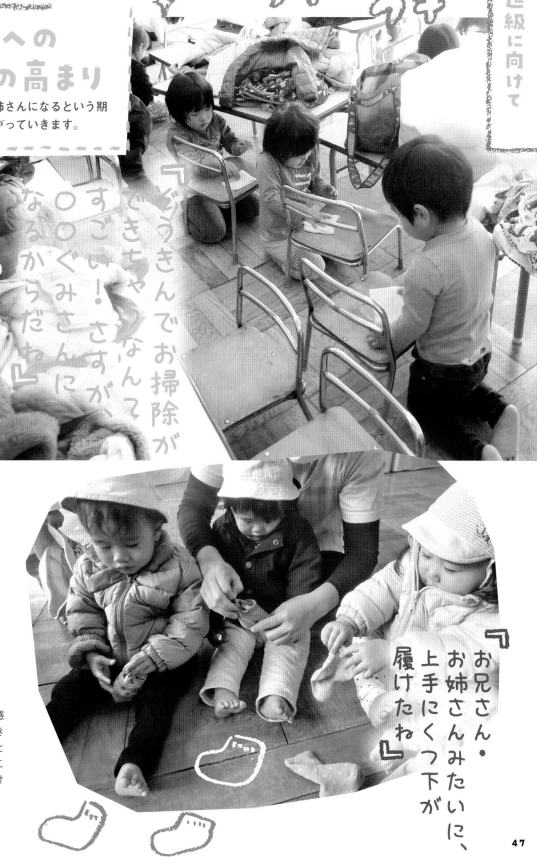

『ぞうきんでお掃除ができちゃうなんて、すごい！さすが、○○ぐみさんになるからだね』

これはNG！

○○ぐみさんに なれないよ

つい言ってしまいがちですが、子どもの行動を否定し、不安感を与えてしまう言葉です。できないことではなく、できたことやよいところ、やろうとしたことをほめて、肯定的な言葉かけを心がけましょう。

『お兄さん・お姉さんみたいに、上手にくつ下が履けたね』

『○○ぐみさんと一緒のお散歩で、たくさん歩けたね！』

SCENE 3
異年齢児との関わり

年上の友達と接する中で「こんなふうになりたい」というあこがれを抱くことが、進級への意欲となります。

『お姉さんたちとの電車ごっこ、楽しいね』

異年齢児との楽しい場面を言葉にする

異年齢の子どもたちと過ごすことで、年下の子は、年上の子と同じ体験ができたという達成感を得ることができたり、あこがれの気持ちから自分もこうなりたいと、進級後のイメージをふくらませることができます。年上の子にとっても、年下の子にやさしく接することで、自覚が芽生えていきます。

＋アイデア
担任以外の保育者がほめる

担任以外の保育者からほめられたり、励まされる経験は、子どもたちの自己肯定感やがんばる力を育てます。「すべての職員ですべての子どもを見る」という意識をもち、クラスの枠を越えた活動を楽しむことで、進級時の担任の切り換わりも唐突に感じさせずにすむでしょう。

まとめ

● 進級したらどうなるのかがイメージできるよう、進級後の環境を経験したり、異年齢児との交流が楽しめるような言葉をかける。

● 子どもの育ちが見られたときには、それを認め、進級への期待感を高める。

3・4・5歳児 言葉かけのポイント

3歳児のPOINT

年上の子への
あこがれを大切に

年上の子へあこがれを抱いている年齢です。「4歳児クラスになったら、こんな遊びができるかな?」「みんなも4歳児さんみたいに○○○をしようね」と、進級後にできることや、遊びの内容を具体的に伝えます。その上で「あとで、○○ぐみさんに聞きにいってみよう」と、4歳児クラスの子どもたちと関わりをもつことで、モデルを示し、次の段階へ進むイメージを共有しましょう。

4歳児のPOINT

年下の子を意識できる
言葉をかける

いよいよ「年長さんになるんだ」と期待がふくらみ、お兄さん・お姉さんとしての自覚が育ってくる年齢です。年下の子を意識することで、ひとまわり成長できる面があるので、「3歳児さんが、昨日のみんなの遊びの○○なところがすごいと言っていたよ」「今度○○遊びを、△△ぐみさんに教えてあげよう」など、年下の子たちとの関わりがもてる言葉をかけ、交流の機会をもちましょう。

5歳児のPOINT

進学後の期待が高まるイメージを伝える

小学校への進学を控え、期待も不安も大きくなってくる年齢です。
小学校へ行くことを楽しみにしている子には、「小学校へ行ったら、お友達、たくさんできるかな。○○ちゃんの好きな△△の話も、授業でするかな?」「小学校では、いろいろなことを教えてもらえるんだよ」のように、期待が高まる言葉をかけましょう。小学校での学びが、その子の興味をさらに広げ、今よりも少し高度なことを知ることができるようになるという展望を伝えます。

進学に不安をもっている子に対しては、卒園児やクラスの子の兄弟・姉妹などの身近なモデルを示し、「このあいだ遊びに来てくれた1年生のお兄ちゃん、とってもやさしかったね」「○○くんのお姉ちゃんは、小学校でこんなことをしているんだって。おもしろそうだね」のように伝えます。「自分にもできそうだな」と前向きな気持ちになれるよう、プラスのイメージを伝えられるといいですね。保護者にも同じように伝えていきましょう。

49

こんなときはどうしたらいい？ Q&A

Q1

頭ではわかっているのに、
つい子どもに「ダメ！」と
言ってしまいます。

何を「ダメ」と言ってしまうのか整理してみましょう。どうしても止めなければならないこと以外なら、「ダメ」ではなく、「△△しようと思ったんだね」など、共感する言葉のほうが子どもは落ち着くようです。ほかのときにいい行為をほめてもらえば、結果的にそちらを多くするようになります。

Q2

じっとしていないタイプの子で、
言葉をかけようとしても
最後まで聞いてくれません。

「先生の話、聞きたいな」と思ってもらえるよう、子どもが好きなことの話を通して、言葉に耳を傾けるメリットを教えましょう。恐竜が好きな子なら、恐竜のおもちゃを持って、「〇〇ちゃん、ぼく△△が好きなんだよ」といったやりとり遊びをしてみましょう。にこにこと笑わせる話がいいですね。

Q3

外国にルーツのある子どもと
保護者で、あまり日本語での
コミュニケーションがとれません。

言語や文化が違っても、子どもの人権や人格、多様性を尊重した保育をすることは同じです。イラストや写真を使ったり、保護者とは自動翻訳機を活用することもできます。各市区町村では、様々な支援の手立てをもっていますので相談してみましょう。
（参考「かすたねっと」（文部科学省））

Q4

言葉をたくさんかけているのですが、
言葉がなかなか出てこない
子どもがいて心配です。

言葉の理解や発達の様子を見て、子どもが好きなおもちゃを使い、「ブーブー、速いね」などの言葉をかけていきます。保護者に、「こんな風に話しかけるといいようです」と伝えたり、「ご心配なら、〇〇へ相談してみてはいかがですか」と専門家へつなぐ手立ても話しておきましょう。

PART 2 遊び PLAY

好きな遊びを見つけ、試したり、工夫したり、
友達と一緒に楽しんだり。
成長・発達や子ども同士の関わりに合わせた言葉を添えて、
好奇心や考える力の芽をはぐくんでいきましょう。

THEME 01 → 遊びの発見

子どもにとって、遊びは学びそのものです。好きな場所やおもちゃを見つけ、
信頼できる保育者とじっくり楽しんだり、遊びを通してまわりのものに興味を向け、
ふれたり、試したりしながら遊びを広げていけるようにしましょう。

0・1・2歳児

SCENE 1
言葉にしたり共感したりする

遊びは、見ることから始まります。子どもの発
見や驚きに共感したり、応答を楽しみながら、
子どもとものとの出合いを見守っていきましょう。

『茶色のクマさん、フワフワでかわいいね』

色や手ざわりも具体的に伝える

クマのぬいぐるみを発見！ こんなときは「クマさんあったね」
だけではなく、「茶色」「フワフワ」など色や手ざわりも具体的に
伝えて、言葉を広げたり、子どもの気づきへとつなげていきます。

『小さいシャボン玉もいっぱい！キラキラきれいだね』

『見て！シャボン玉、大きいね！』

指差しは言葉の前の言葉

指差しは、まだうまく言葉を話せない子ど
もにとって大切なコミュニケーション手段。
子どもが指を差したほうに目を向け、「○
○だね」と言葉にして共感します。そうす
ることで、子どもは発見する喜びを感じら
れるようになります。安全を確保しながら、
子どもが発見したものにふれたり、探索を
楽しんだりできるようにしていきましょう。

『シャボン玉、パチンってできるかな？待て待て一！』

Scene 2
遊びたい気持ちを満たす

好きな場所や好きなおもちゃ、好きな保育者と充分に遊ぶことで、気持ちが満たされていきます。

本物を取り入れる

おままごとのおもちゃの中に、お椀やしゃもじ、泡立て器といった"本物"をプラス。本物を使うことは、子どもたちにとって格別。ワクワク感が増し、気持ちが高まります。本物を取り入れることで、ほかのおもちゃを大切に使えるようになるという効果も期待できます。

見たり、追いかけたりを楽しむ

子どもたちが大好きなシャボン玉。まだ吹くことはできなくても、大きいクラスの子が吹くシャボン玉を不思議そうに見つめたり、追いかけたり、手を伸ばしてつかまえたりと、各年齢でできることを存分に楽しみます。

『○○ちゃんのおなかをこちょこちょー！くすぐったいね』

コチョコチョ

応答的な遊びも取り入れながら

保育者とのふれあい遊びや応答的な遊びも、子どもたちの気持ちを満たすためには欠かせません。

家庭にも発信

園でおこなっているふれあい遊びをおたよりや懇談会などで紹介して、家庭でも同じように楽しめるようにできるといいですね。

『一つ作ったらごはんにしよう。そのあとでまた遊ぼうね』

"続きができる"安心感と見通しを

おもちゃは充分な数を準備して、満足いくまで遊べるようにします。かたづけの時間になっても、まだ遊びたい気持ちがある場合には、ほかの活動の際に邪魔にならない場所に置いておくなどして、あとで続きができるという安心感や見通しがもてるような言葉をかけます。

scene 3

様々な遊びや ものに目を向ける

一人ひとりが安心して園生活を送れるようになってきたら、少しずつ遊びを広げ、様々なものに目を向けられるようにしていきましょう。

隣の子の姿に気づけるように

子どもは、ものをきっかけとした関わりが多く見られます。特に2歳児クラスでは、同じ場で遊んでいる子が持っているものに目を向けたり、作っているものに興味を抱いたりします。隣の子のまねをしてみたり、そこから遊びを広げていけるような言葉かけで、興味の芽を育てましょう。

『○○ちゃん、何を見つけたのかな。ダンゴムシさんかな?』

＋アイデア

保護者にも伝えたい 子ども同士の関わり

園では、上の子の遊びを興味深そうに見つめたり、あとでそれをまねして遊んだりする低年齢児の姿が見られます。異年齢で同じ場を共有したり、関わったりすることの大切さも、保護者に伝えていきたいですね。

『○○くんは、ブロックで自動車を作っているのかな?』

『お友達と同じ名前のお花だね』

発見したことを共有する

植物の図鑑を見ていると、クラスの友達と同じ名前の花を発見。名前に目を向けたり、散歩や外遊びの際に花を見つける楽しさにつなげていきます。

まとめ

● 一人ひとりが好きな遊びを見つけ、じっくり遊び込む時間を充分に確保する。

● 子どもの発見を言葉にして共感し、見つける喜びを感じたり、様々なものに興味や関心を広げられるような関わりを意識する。

3・4・5歳児
言葉かけの ポイント

3歳児 のPOINT

興味や関心を広げる関わりを

「おもしろそう」「やってみたい」というところから発見は始まります。大人が「こうかな」と思っているところとは違う部分での小さな発見もたくさんあります。3歳は、まだまねっこの年齢。友達の遊びを見て興味をもち、まねをしながらいろいろな遊びを体験できるように、「おもしろそうだね」「入れてって言ってみようか」といった言葉をそえていきます。また、「これもあったよ」と、隣の子が使っているものと同じおもちゃを用意し、同じ場で、同じ遊びを楽しめるようにし

ていきましょう。まねっこが始まったら、「みんな△△をしているね」「おもしろいね」と言葉をかけ、同じ遊びをしていることに気づけるようにしていきます。様々な遊びの中で、「おもしろそうだな」と思うことは子どもによって違います。何に興味をもっているか、目線やしぐさから感じ取っていけるといいですね。子どもは、興味をもったものの世界に引き込まれていきます。その世界に寄りそい、遊びを一緒に楽しむことで、興味はさらに広がっていきます。

POINTS FOR TALKING

4歳児 のPOINT

遊びが広がる
環境づくりを

友達との関わりが少しずつ深まる4歳児。誰かが「△△をしよう」と提案したときには、「こんな材料があるよ」「先生は□□を作ってみようかな」などの言葉かけで遊びを広げていきましょう。また、例えば楽器を手作りしたときに、使う素材によって音の違いを発見する子もいるでしょう。「こっちはどうかな?」と違う素材も試したり、工夫したりできるように準備し、気づきや発見につなげていきましょう。

5歳児 のPOINT

発見やつぶやきを
まわりに伝えていく

発見や気づきが増えてくる5歳児。口にはしなくても、じっと遊び込んでいるときは何かを感じています。つぶやきや表情を逃さず、「すてきなことを見つけたね」と言葉をかけ、まわりの子にも「○○ちゃんが、こんなことを見つけたよ」と広げていきましょう。"発見=すてきなこと"であることや、既製のおもちゃで遊ぶ以外の楽しさを知らせることができ、遊びの独自性や創造性へとつながっていきます。

THEME 02 → 探索活動

周囲に対する興味が日に日に高まる子どもたち。子どもの気づきを拾いあげて言葉を添えたり、遊びに誘ったりしてさらなる探索活動を引き出すことが、よりいきいきとした毎日につながっていきます。

0・1・2歳児

『先生にくれるの？』

『すてきなものを見つけたね。ツルツルした石だね』

応答的な関わりを

子どもが何かを見つけて手にしたときには、それが何であるかを言葉にしたり、感触を伝えたりしていきます。また、「はい」と差し出してくれたときには笑顔で「ありがとう」と返し、「どうぞ」「ありがとう」などの応答的なやりとりを増やしていきましょう。

Scene 1

子どもの気づき

まわりをじっと見つめているときは、何かを感じたり気づいたりしています。子どもの興味を読み取って言葉を添えていきましょう。

+ アイデア

言葉のかけすぎはNG？

子どもの世界を邪魔しないように、言葉をかける前にはひと呼吸おく余裕をもちましょう。しきりに話しかけるのではなく、見守っていく中で、ここぞというときに言葉をかけます。

『アリさん、今日はどこにいるんだろう？探しに行ってみようか』

探す楽しさを感じられる言葉かけを

2歳くらいになると、虫や乗り物、ボールなど、動いているものに敏感に反応するようになります。アリやダンゴムシなど、身近な生き物を探す意欲につながるような関わりを心がけましょう。また、見つけたら「見て！小さい足がたくさんあるよ」などと言葉をかけ、じっくり観察できるように援助をしていけるといいですね。

scene 2
好きな場所を見つけたら

子どもが好きな場所やお気に入りのものを見つけたら、遊びの時間を保障して安心感につなげていきましょう。

『○○ちゃん、見～つけた！』

『いないいないばあ！』

『いい場所を見つけたね。お家かな？』

まずは受け止める

園には、家庭にないものがたくさんあり、すべてが探索活動の対象になります。片っ端から引き出しを開ける、おもちゃをひっくり返す……など、大人にとっては「いたずら」や「危ない」と感じるようなことでも、「これも遊びなんだ」と、まず受け止めることが大切です。すぐに禁止するのではなく、安全面に配慮したうえである程度見守ります。

知っておきたい

"探索活動"とは？

知らないものごとに興味を示して、どんなものなのかを確かめ、知ろうとすることです。

園生活で、そこがどういう場所で、どんなものがあり、誰がいるのか。それらを知り、次第に慣れていくことは「いつもと同じ」という安心感につながっていきます。

子ども一人ひとりの気づきの感性・イメージを大切にしながら、人との関わりや、学びにつながっていくような言葉かけを心がけましょう。

うれしさに共感する

高いところにあるものをつかみたくて、背伸びをする子。何かにのぼったりして、落ちたりケガをしたりする恐れがない場合は近くで見守り、「届いた！」といううれしさに共感しましょう。

『何を見つけたのかな？』

scene 3
さりげなく別の探索場所へ

集団生活の中で、気持ちが落ち着かないこともあります。そんなときは、気分転換をはかるために場所を移すのも一つ。

「おいしいごはんができているかな？先生と一緒に見に行ってくれる？」

「お手伝い、一緒に行ってくれるかな？」

「お手伝いしてくれてありがとう」

「お手伝い」が自信を深める

2歳くらいになると、自分でできることが増え、人の役に立つことの喜びを感じるようになります。「お手伝いをしてくれる？」とさりげなく誘いながら、子どもたちの活躍の場面を増やしていきましょう。また、「ありがとう」と言われることで、子どもは「大好きな先生の役に立ててうれしい」と感じ、「次も」という自信や意欲へとつながっていきます。

＋アイデア
どんなタイミングで連れ出せばいいの？

特に新人保育者にとっては、「今、子どもを連れて部屋を抜けられるか」という判断はむずかしいもの。日ごろから子どもの様子を伝え合うなどして、自分から声をかける習慣をつけましょう。コミュニケーションのとりやすい雰囲気をつくることで、ふとしたときの連携も深まります。

まとめ

- 安全を確保しながら、子どもが自分の力で未知の世界を知ろうとする姿を見守り、興味を広げられるような言葉を添えていく。

- お手伝いの場面をつくることで子どもの自信を深め、担任以外の職員とのやりとりも増やしながら、人との関わりを広げていく。

3・4・5歳児

言葉かけのポイント

3歳児のPOINT

見たい・知りたい 気持ちを満たす

見たり、聞いたりして理解しようとする知識欲が旺盛になる3歳児。「これ何?」「誰の?」「それどうするの?」など、聞いて知ろうとする姿が増えてきます。知りたい意欲が育つチャンスを逃さないよう、「△△だよ」「□□をするときに使うんだよ」などとていねいに答え、見たい・知りたい気持ちを満たしていきましょう。知ることに喜びを感じることは、知的好奇心の育ちへとつながっていきます。

4歳児のPOINT

一緒に考える 場面をつくる

子どもの「なぜ」に対し、「どうしてかな」と一緒に考える場面もつくっていきましょう。中には、ずっとおままごとをしているなど、探索に気持ちが向かない子がいるかもしれません。そんなときは、例えば「黄色の折り紙でスパゲッティを作ろうかな」と言うと、「こっちのほうがいいよ」と色や切り方を提案してくれることも。その子の興味があるものの中で、外に目を向けられる働きかけをしていきましょう。

POINTS FOR TALKING

5歳児のPOINT

聞いたり、教えたりする場面づくりを

見たい・知りたい・試したい気持ちが、さらに高まる5歳児。「あれは誰?」「何をしているの?」「どんな仕事?」など、社会事象や身近な自然事象への関心も増してきます。「(生き物が)冬は、どうしているんだろう?」「葉っぱの下にいるのかな?」などと投げかけて調べるきっかけにしたり、「生き物にくわしい○○ちゃんに聞いてみよう」と友達に聞いたり、教えたりする場面をたくさんつくっていきましょう。また、大人でもわからないことはあります。「先生もわからな

いな」と答えると、「こうだよ」と教えてくれる子がいるかもしれません。図鑑などで一緒に調べてもいいですね。大切なのは、正解・不正解ではなく、自分なりの考えを人に話すことです。その子どもの考えを、「ほかの子にも教えてあげよう」と、みんなの前で話す機会をつくったり、「○○ちゃんが教えてくれたよ、すごいね」と、保育者が代弁したりしていきましょう。すると、「ぼくも(私も)」と、ほかの子の探索意欲の高まりへとつながっていくことも期待できます。

遊び → THEME 03

友達との関わり

うまく表現できない気持ちには言葉を添えながら、友達と一緒に過ごす楽しさを伝えていきましょう。
おもちゃなどの取り合いも成長過程での必要な体験です。伝えたいことがあるときには
言葉で伝えることを少しずつ知らせ、相手の気持ちも考えられるようにしていきましょう。

0・1・2歳児

「○○ちゃんと△△ちゃん、お話をしているの？ 楽しいね！」

Scene 1

一緒にいること・遊ぶことの楽しさを知らせる

友達の存在を意識したり、友達のすることに関心を抱く様子も見られるようになります。保育者が仲立ちとなり、一緒に遊ぶ機会を増やしていきましょう。

名前を添える

保育者の言葉に興味を示したり、まわりの子と同じような行動をしたりする姿が少しずつ増えてくる0歳児。そうして"同じ空間にいつも同じ人がいる"という感覚を得ていきます。また、友達が遊んでいるところに近づいて行ったり、目と目を合わせてにっこり笑ったりする姿も。友達の名前を伝えて、相手の存在を認識できるようにしていきましょう。

「見て見て、楽しそう！ ○○ちゃんも一緒に遊ぼう」

少しずつ関わりを増やしていく

2歳くらいになると、社会性が芽生えてきます。一人遊びに夢中な子もいますが、ときには「○○ちゃんも一緒に遊ぼう」と、ほかの子たちの遊びに誘い、友達との関わりを少しずつ増やしていけるといいですね。大勢ではむずかしくても、特定の子であればじっくり関わって遊ぶことができたり、同じ遊びを介して気の合う友達を見つけられることも多いものです。

ドキ♡ ドキ♡

おてて
つなぎたいなあ

『○○ちゃんが、△△ちゃんと手をつなぎたいんだって』

『反対の手は先生とつなごう』

言葉で伝える大切を知らせる

友達と手をつなぎたいけれど、なかなか言い出せずにいる2歳児クラスの女の子。自分の気持ちをうまく言葉にできない子には、「○○ちゃんがこうしたいんだって」と代弁をし、言葉で自分の思いを伝える大切さについて知らせていきます。また、気持ちを代弁したら終わりではなく、子どもの様子を見ながら、仲立ちしていきます。

『○○ちゃんが帽子を直してくれたよ。うれしいね』

+アイデア

3者間の関わりへ

お世話をしてくれた年上の子どもをストレートにほめるのもいいですが、してもらった年下の子どもに向けて言葉かけをする方法もあります。子どもの気持ちを代弁しながら、保育者も交えた3者間の関わりへと広げていきましょう。

『お手伝いしてくれてありがとう。どうすれば上手にはかせられるかな?』

自信につながるように

4歳児や5歳児だけではなく、2歳児も、1歳児や0歳児など自分より年齢が下の子に対してやさしく接する姿が増えてきます。やさしくしてくれた子には、「○○をしてくれてありがとう」と伝え、その子の自信につなげていきましょう。さらに、そうした姿を保護者にも伝えていくと、保護者の安心感にもつながっていきます。

SCENE 2
思い通りに いかないとき

友達との関わりが増えてくると、思い通りにいかないことも増えてきます。お互いの気持ちを代弁し、自分以外の人の気持ちも考えられるようにしていくことが大切です。

『○○ちゃんも一緒に座ろう。半分こしてくれてありがとう』

『○○ちゃんも使いたいんだって』

『時計の針が○のところに来たら貸してあげられるかな』

「ありがとう」の気持ちを添えて

保育者のひざは、子どもたちにとって特等席。独占したがる子もいますが、ほかにも座りたい子がいるときには半分ずつ、一緒に座ることを提案してみましょう。一緒に座れたときは「半分こしてくれてありがとう」の気持ちを伝えていくことで、次も同じようにできたり、友達との関係も広がったりしていきます。

ほかの子の思いを知らせていく

ほかの子が「あのおもちゃを使いたい」と言っても、まずは、今使っている子の思いを優先してあげたいもの。自分の思いを大切にしてもらい、満足感を得られれば、2歳くらいになるとすんなり貸せることも増えてきます。まだ遊び足りない場合には「○○ちゃんも使いたいんだって」と伝え、「自分以外にも使いたい人がいる」ことに気づかせていきます。「10数えたら」や、時間はわからなくても、「時計の針が○に来たら貸してあげよう」などと提案をするのも一つです。

保育者の気持ちを伝える

1歳児は、まだ自分の気持ちをうまく表現できません。同じおもちゃを複数用意したり、隣のクラスに借りに行ったりするほか、「貸してくれると先生もうれしいな」と保育者の思いを伝えたりしていきましょう。

『貸してくれると先生もうれしいな』

＋アイデア
子どもの成長を 保護者とも共有

友達におもちゃを貸してあげられたときには、保護者にもその様子を伝えましょう。その姿を近くで見ることができた保育者のうれしい気持ちも添えて、成長をともに喜び合えるといいですね。

まとめ

● 一人ひとりが好きな遊びを楽しみながら、しぜんに友達との関わりがもてるように仲立ちをしていく。

● 相手に伝えたいことがあるときには、言葉で伝える必要があることを知らせ、少しずつ相手の気持ちも考えられるようにしていく。

3・4・5歳児 言葉かけの ポイント

3歳児のPOINT

友達を意識できる言葉かけを

「これがしたい」「あれがほしい」という思いをもちながら、友達のことも気になる年齢。そこで「○○ちゃんは△△をしているね」「○○ちゃんと同じだね」など、友達を意識できるような言葉をかけたり、「おもしろいね」と保育者も一緒に遊びながら、友達と過ごす楽しさを感じられるようにしていきましょう。その中で、一緒に遊びたいときには、その気持ちを言葉で伝えることの大切さも知らせていきます。

4歳児のPOINT

子ども同士の関わりを深める援助を

好きな友達と、同じ遊びが楽しめるようになってきます。「○○ちゃんは、こんなふうにしているよ」「教えてって言ってみようか」と、遊びを広げたり、子ども同士の関わりを深めたりする言葉を添えていきましょう。子ども同士のトラブルの際には、「こういうとき、どうすればいいのかな？」と問いかけて、一緒に考えながら少しずつ子どもたちの力で解決できるようにしていきます。

5歳児のPOINT

友達との関わりの中で「学び」を教える

友達と一緒に、テーマや目的をもった遊びを楽しむ姿が見られるようになります。ときには遊びがバラバラになることもありますが、そう感じたときには、「電車遊びをしているんだね」「ここは、何ていう駅かな？」「こっちに線路を作ってみたら？」など、さりげなく遊びのテーマを意識できるような言葉をかけるようにします。集団が広がると役割分担も見られ、友達と一緒に考えたり、ストーリーをつくったり、工夫したことを教え合う姿も出てきます。これらはすべて、人との関わりの中で得られる「学び」と

なります。
また、友達のことをさりげなく手伝ったり、友達同士を仲介したりする姿も見られるようになります。それを「先生は見ていたよ。ありがとう」などと伝えることも、クラスの雰囲気づくりにつながっていきます。5歳くらいになると、「○○ちゃんとは遊んじゃダメ」など、友達を独占したがる子も。それを「ダメ」と言うのではなく、そうしたことを言わない子に「○○ちゃんは、みんなにやさしくてすてきだね」と伝えて、みんなにも広げていきたいですね。

63

ごっこ遊び・イメージの共有

THEME 04

子どもたちが大好きなごっこ遊びや模倣遊び。目には見えない世界をイメージし、様々な状況や場面をつくり出せるような言葉をかけたり、子どものセリフを引き出したりして遊びを広げていきましょう。遊びを通して友達との関わりが広がり、考える力も育っていきます。

0・1・2歳児

Scene 1

遊びへの誘い

子どもには模倣をしたり、イメージしたりする力が備わっています。発達や経験に合わせた援助をしながら、遊びへと誘っていきましょう。

『カレーライスおいしいな。○○ちゃんも食べてみる？ ドウゾ—！』

保育者が楽しむ姿を見せ、遊びへ誘う

実物がそこになくても「ふり」をするふり遊びやつもり遊びには、生活を再現するという側面があります。「お昼にカレーを食べた」「カレーがテーマの絵本を読んだ」といった経験から、写真のような遊びにつなげていきましょう。まずは保育者が楽しむ姿を見せることで、子どもの興味を広げます。

＋アイデア

言葉の獲得にもつなげていく

「ジャガイモとニンジンが入っているよ」など具体的な言葉にしていくことで、少しずつ語彙を増やしながら、遊びのイメージをふくらませていきます。

『もう1回だね。ジュースで乾杯！』

くり返しを楽しむ

例えば、「乾杯」が好きな子どもに対しては、気持ちが充分に満たされるまで、くり返し一緒に楽しみましょう。大人にとっては同じ動作のようでも、子どもはくり返しのおもしろさを味わっています。

『楽しいね！次はどこに行く？』

楽しい気持ちを共有しながら

興味のある動作をまねする模倣遊び。「大好きな保育者のまねをしてみたい！」という気持ちから模倣がスタート。「楽しいね」と気持ちを共有しながら、満足いくまで楽しみます。

scene 2

イメージを広げる

子どもたちが遊びの世界を楽しめるように、環境を整えたり、子どもの姿に言葉を添えたりしてイメージを広げていきましょう。

『赤ちゃん、ごきげんですね。お母さん、一緒にお出かけですか？』

『赤ちゃんをお預かりして待っていますね』

子どものイメージを引き出す

お母さんになりきった子どもたちに、「お出かけですか？」と聞くと、「お肉やさんにお買い物に行ってきます」など、保育者がかけるひと言で、子どもたちのもっているイメージが言葉になって返ってきます。さらに、そこからお買い物ごっこなど、別の遊びに発展することも。

『大変！ 赤ちゃんが泣いちゃった。おなかがすいているみたい』

保育者も役になりきる

ふだんの保育者と保護者のやりとりをよく見ている子どもたち。(子ども)「先生、赤ちゃんをお願いします」。(保育者)「お母さん、これからお仕事ですか？ 赤ちゃんをお預かりして待っていますね」など、朝の受け入れのシーンを再現。お母さん役の子どもを「いってらっしゃい」と見送ったあとも、保育者は赤ちゃんが泣いているそぶりを見せたり、「おなかがすいているみたい」と言ったりと、様々なシチュエーションをつくります。

『坂道です。あ、今度は強い風が吹いてきたよ！』

実体験にもつなげていく

電車ごっこでは、「坂道です」「風が吹いてきた」などと言いながら、みんなで同じ方向に傾いたりしながら想像の世界を共有します。さらに「〇〇駅に到着です」と、身近な駅名を出すと、「この前、そこに行ったよ」と言う子も。身近なものにつなげることで、実体験との結びつきができていきます。

『〇〇駅に到着です。ご乗車ありがとうございました』

Scene 3

思いやイメージが すれ違ったとき

遊びを進めていく中で、友達と思いがすれ違ったり、イメージのズレが生じたりすることも。お互いの思いをていねいに受け止めていきましょう。

思いを受け止め、提案する

2歳くらいになると、友達とのごっこ遊びの際に「Bちゃんと一緒にこれをやりたい」「Bちゃんには、この役をやってほしい」など、自己主張が盛んになってきます。その思いを受け止めたり言葉で補ったりしながら、一緒に遊びたいときにはどうしたらいいかを伝えていきます。

『○○ちゃんと一緒にこれがやりたいんだね』

『△△をして一緒に遊ぼうって、言ってみようか』

相手の子の思いをていねいに伝える

Bちゃんが「違うことをやりたい」という場合には、その思いをていねいに聞き取り、相手の子に伝えていきます。そうしたやりとりの中で、「友達にも気持ちがあり、自分の思うようにいかないこともある」ということに気づけるようにしていきます。また、「先生と一緒に遊ぼう。先生が○○役をやろうかな」と、子どもの気持ちが向く方向を少し変えていくのも◯。

＋アイデア

遊びに行き詰まったときの保育者の関わり

遊びに行き詰まっているときには、新しい展開のきっかけを投げかけようと口を出してしまいがち。しかし、遊びの雰囲気や流れ次第では、保育者が無理やり遊びを広げるのではなく、あえて関わらずに見守ることも大切です。

『先生が○○役をやろうかな？』

『○○ちゃんは、今は別の遊びがしたいんだって』

『こっちにつなげてみたらどう？』

お互いの気持ちをくむ

ブロック遊びでは、一緒に作っているうちにイメージのズレが生じることも。お互いの気持ちをくみながら「こっちにつなげてみたら？」などと提案をしていきます。それでも納得がいかないときには、「先生と新しいのを作ろう」と提案。一度お互いの気持ちを受け止め、一緒に考えることで「先生はわかってくれた」と、子どもの気持ちは落ち着いていきます。

まとめ

● 保育者も一緒に楽しみながら、子どものセリフを引き出したり、子ども同士のイメージをつないだりして、遊びの世界を広げていく。

● 遊びの中で子ども同士のイメージにズレが生じたときは、お互いの気持ちを受け止め、相手にも伝えながらていねいに関わっていく。

3・4・5歳児 言葉かけの ポイント

3歳児のPOINT

イメージの世界を邪魔せず見守る

「お母さん＝ごはんを作ったり、子どものお世話をすることが多い」など、"お母さんはこう"という概念ができ始め、複数人でお母さんごっこを楽しんだり、まねっこ遊びをする姿が見られるようになります。保育園ごっこや郵便やさんごっこなど、ほかのごっこ遊びも同様で、保育者があまり言葉をかけなくても、ある程度イメージをもって友達と楽しめるようになってきます。途中で話しかけると、遊びを中断してしまいます。イメージの世界と説明の世界は別。まだやりとりはちぐはぐですが、それぞれの頭の中にはイメージが

あって楽しんでいるため、邪魔をしないことが大切です。
ただし、「見て」「ごはんができたよ」と、子どもがこちらに来たときには「おいしそうなごはんだね」「何が入っているのかな？」と返したり、「先生も作ってみようかな」など、遊びを広げるための言葉を添えていきます。また、低年齢児ほど「もの」があったほうがイメージを共有しやすいため、例えば、お母さんごっこの際にはエプロンや買い物バッグを準備し、イメージがふくらむように援助します。

POINTS FOR TALKING

4歳児のPOINT

遊びを広げる言葉を添える

友達とイメージを共有して遊ぶ姿を見守りながら、例えば、お店やさんごっこで「パンができたよ」と子どもが言ってきたときは「メロンパンかな」「あんパンも食べたいな」など、遊びを広げるための言葉を添えていきましょう。ときには役割でもめそうになることもありますが、ある程度は見守ることが大切。自分たちで解決しようとしたり、「こうしてみれば？」と、第三者のような役割を担う子も出てきます。

5歳児のPOINT

イメージ遊びを豊かに

遊びの人数が増えるため、ある程度の空間を保障することが大切です。ときには、園庭で大胆にごっこ遊びを楽しむのも○。遊びの中に物語性もできてくるので、世界観を広げるための教材も準備しましょう。行事などが友達とのイメージ共有をふくらませ、遊びが広がり豊かになります。友達同士のやりとりも豊かになり、考える力の基礎を培います。

THEME 05 → 水遊び

ひんやり冷たい水。暑い時期にはふれるだけでここちよさを感じることができます。
一人ひとりが安心して楽しめるように少しずつ遊びの幅を広げ、
水の気持ちよさ、不思議さ、おもしろさを味わえるようにしていきましょう。

0・1・2歳児

『ピチャピチャ、気持ちいいね!』

scene 1

水にふれる・慣れる

冷たさや不思議さなど、特別な性質をもつ水に対する興味・関心が広がるような言葉かけをしていきましょう。

『キラキラして、きれいだね!』

『ポタポタ落ちているの、おもしろいね。お水、どこに行くのかな?』

子どもがまねをしやすい擬音

水にふれることは、冷たさや感触を楽しむほかに、形が変わる不思議さや、容器に水を入れたり出したりするおもしろさなどへの気づきにもつながっていきます。「キラキラ」「ピチャピチャ」「ポタポタ」など、擬音を含めた言葉かけでイメージを共有しましょう。擬音語は子どもがまねをしやすく、やりとりが広がりやすくなります。

『お顔にお水がかかっちゃったね。大丈夫、お顔ふこうね。』

安心できるよう笑顔で言葉かけ

最初は、顔に水がかかるのを嫌がる子も多いものです。笑顔で、「大丈夫だよ」「ふこうね」と安心できる言葉をかけながら、少しずつ水遊びは楽しいものと思えるように経験を重ねていきましょう。

＋アイデア

ボールプールでごっこ遊び

遊びながらプールに慣れたり、友達と一緒の楽しさを感じられるようにしていきます。

『ぬれちゃったー！でも、水って気持ちいいね！』

気持ちよさを言葉に

保育者自身が水遊びを思いきり楽しみ、気持ちよさを言葉にすることで共感が生まれ、ダイナミックな遊びへとつながっていきます。水に抵抗のある子がいる場合は、ダイナミックに遊べる子とはさりげなく場を分けるなど工夫をしていきましょう。

こんなときどうする？

水をかける・かけられる

友達の反応に興味をもって、水をかけてみたくなることもあるでしょう。かけたことを注意するのではなく、さりげなく別の遊びに誘ったり、相手の気持ちに気づかせたりしていきましょう。

言葉かけの例

イヤイヤだって

かけられた子の気持ちを代弁します。かけられた子に対してはそばに寄りそって、気持ちが落ち着くようにフォローを。

こっちにかけてみる？

水をかける対象を保育者やバケツなど、ほかのものにして遊びに誘います。

○○を一緒にやろうって誘ってみたら？

水のかけ合い以外の遊びに誘いながら、友達同士で水遊びの楽しさを感じられるようにしていきます。

Scene 2

「いろいろな水」に ふれる

日常生活や遊びの中で、水の変化や水への興味を広げられるような場面に気づいたら、言葉かけを工夫していきましょう。

『水はピチャピチャ、泥はペタペタしているね』

『○○ちゃんのお顔が映っているよ！』

シャワー遊びでの発見

保育者がシャワーの雨を降らせると、「あ、虹だ！」「色がついているね」と、子どもたちは大喜び。水遊びの楽しさを感じられる一歩に。

『シャワーのトンネル、くぐってみよう！』

感触を楽しめるように

雨あがりの水たまりに、興味津々の子どもたち。家ではなかなかできない泥水遊びも園で経験し、水と泥の感触の違いを楽しめるといいですね。泥水を直接さわるのに抵抗がある子には、スコップやバケツを使うことを提案していきましょう。水面に顔が映り込む様子も楽しい！

『お水って、切っても切れないね』

水のおもしろさを共有

食事の前後やトイレのあとの手洗いのときにも、水の不思議さを感じられるヒントがあります。

まとめ

● 「冷たいね」「気持ちいいね」と伝えながら少しずつ水に慣れ、水遊びを楽しめるようにしていく。

● 自由に形を変えたり、光に反射してキラキラ光ったり、ポタポタ流れ落ちたりと、水の不思議さを感じられるような体験を積み重ねていく。

3・4・5歳児 言葉かけの ポイント

3歳児のPOINT

水遊びの楽しさや 不思議さを共有

「水って、冷たくて気持ちいいね」と、その気持ちよさを共有しましょう。また、「先生は△△ジュースを作ろう。○○ちゃんは何ジュースにする?」と色水遊びに誘ったり、色水同士を混ぜて違う色を作ったりと、楽しさや不思議さを感じられる体験を重ねていきましょう。水を怖がる子や服が汚れることを嫌がる子には、「大丈夫だよ」「洗えばきれいになるよ」と、安心できる言葉を添えていきます。

4歳児のPOINT

ダイナミックな遊びを 取り入れる

園庭で、ダイナミックに水・泥遊びを楽しむ機会をつくれるといいですね。道路や家などを作り、「大きな道だね」「ここは△△やさんで、こっちは○○ちゃんのお家かな」と、子どもたちが共通のイメージをもって楽しめるようにします。そのほか、例えば泥団子作りでは「お水の量はどのくらいか、みんなに教えてくれる?」と、得意な子に話してもらう場面をつくるなどして、自信につなげていきましょう。

5歳児のPOINT

探究心の芽を育む 環境づくりを

遊ぶだけではなく、「雨はどうして降るの?」「水はどこから来て、どこに行くの?」など、疑問を抱く姿が見られるようになります。図鑑を準備するなどして調べられるようにし、「わかったことを教えてね」と発表する機会をつくったり、「○○ちゃんがこんなことに気づいたよ」とクラスのみんなに伝えたりして、水への興味をさらに広げられるようにしていきましょう。

わかったことを みんなにも 教えてね!

うん!

71

遊び

THEME
06 →

自然に親しむ

自然の中には、子どもの好奇心を刺激するものがあふれています。特に、秋は落ち葉や木の実を探したり、拾った自然物を遊びに取り入れたりと、楽しみがいっぱいです。同じ木の実でも、色や形の違いに気づく子もいることでしょう。五感を使って自然を楽しみましょう。

0・1・2歳児

scene 1

自然を五感で楽しむ

見たり、さわったり、音を聞いたり、においをかいだりと、特別なものを準備しなくても、楽しさはどんどん広がっていきます。

違いのおもしろさ

子どもたちにとっての秋の楽しみといえば、ドングリ拾い。たくさん見つけると、うれしそうに見せに来てくれます。どこで見つけたのかを聞いたり、一つ一つの違いを子どもたちとじっくり観察してみましょう。

『丸いドングリに細長いドングリ、いろいろな形があるね』

『どこで見つけたの？』

足から伝わる感触

秋は落ち葉の季節でもあります。フカフカの感触を楽しんだり、踏むとカサカサと音がすること、パリッと割れて粉々になることなどに気づけるように、落ち葉の上を歩いてみましょう。また、落ち葉にもいろいろな色や形があります。五感をふんだんに使って、様々な発見を楽しみましょう。

『落ち葉を踏むと、割れて小さくなるよ』

+アイデア

感触や音比べ

同じ落ち葉でも、湿っている葉っぱは踏んでもカサカサ鳴りません。その違いに気づけるような体験を重ねていけるといいですね。子どもたちにとっては、やっぱりカサカサ鳴るほうがおもしろいようです。

『落ち葉のじゅうたん、フカフカだね。何色の葉っぱがあるかな？』

＋アイデア

図鑑や絵本を
いつでも見られる
環境づくり

植物や生き物への興味が広がる2歳児。図鑑や絵本を用意しておき、園庭や散歩先で見つけたものの色や形を写真と比べたりできるようにしておけるといいですね。

『赤い葉っぱが風にのって遊びに来たよ――！』

自然の変化に気づけるように

散歩をする子どもたちの楽しそうな声に誘われるように、風にのって葉っぱがひらひらと降ってきました。落ちているものだけではなく、ときには上を見て、緑の葉っぱが少なくなり、赤や黄色に色づいた葉っぱが増えたこと、葉っぱが枯れ落ちた木があることなどを伝えましょう。

いくよ！

いち、にの、さーん！

HIRA HIRA

『落ち葉のシャワー、それ――！お空からひらひら～』

その時季にしか
できない体験を

色とりどりの落ち葉のシャワーが楽しめるのも、秋ならでは。落ち葉を両手いっぱいに持ち、「1、2の3！」で空高く投げてみましょう。

SCENE 2
自然物を遊びに取り入れる

ドングリ、落ち葉、マツボックリ、木の枝。自然物の形や色を生かして、製作や見立て遊びを楽しみましょう。

『落ち葉のふりかけにドングリケーキ、ごちそうがいっぱい！』

『おいものスタンプペタペタ。○○みたいな形ができたよ！』

遊びの世界を広げる

落ち葉を細かくしてふりかけに見立てたり、落ち葉を砂のケーキに挿してロウソクに見立てたり。自然物は砂場遊びの世界を広げてくれます。

楽しさを分かち合う

収穫したさつまいもで、みんなが大好きなスタンプ遊び！ はじめは保育者が一緒に押して楽しさを共有したり、いろいろな形があることを伝えたりして、子どもたちの「やってみたい」気持ちを引き出しましょう。

SCENE 3
自然を大切にする気持ち

様々な生き物や植物に出合えるチャンスもたくさん。やさしく接する心を育んでいきましょう。

期待がふくらむ言葉かけ

種まきや水やりなど、栽培活動も少しずつ増やし、育てる喜びや楽しさを感じられるようにしていきましょう。生長に期待がもてる言葉かけも忘れずに。

『大きくなあれ。みんなの思いが伝わるときっと元気に育つよ』

"アリさんの気持ち"をイメージして伝える

アリを見つけると、動きを止めようとして力を加減できずにつぶしてしまうことも。そんなときは「お家に帰れないと、アリさんのママも悲しいよね」「踏んだら痛いって言っているよ」などと"アリの気持ち"をイメージして伝え、「やさしくしよう」という気持ちを育んでいきます。

『お家に帰れなくなると、アリさんのママもきっと悲しいよね』

まとめ

● 見たり、聞いたり、ふれたりと、五感に響く体験を重ねながら自然のおもしろさや不思議さに気づけるようにしていく。

● 春や秋は、虫との出合いも多い季節。無理のない範囲で見たりふれたりしながら、生き物にも親近感を抱いたり、興味を向けられるようにしていく。

3・4・5歳児
言葉かけの ポイント

3歳児 のPOINT

自然への興味を広げる言葉かけを

「夏だね。セミの声が聞こえるよ」「冬だから風が冷たいね」と、季節を感じられるような言葉をかけるとともに、落ち葉や木の実を造形遊びなどに取り入れ、自然への興味を広げていきましょう。まだアリを踏んだりすることもあるため、「アリさんも生きているんだね」「お家に帰るのかな」とくり返し伝えていくことで、命があることを知らせ、やさしく接する気持ちを育んでいきます。

4歳児 のPOINT

季節の移り変わりに気づけるように

「葉っぱの色が赤や黄色に変わったね」「風が冷たくなってきたね」と言葉をかけ、季節の移り変わりに気づけるようにしていきましょう。また、「○○ちゃんが4歳のクラスになったばかりのときは、葉っぱが緑色で、お花もたくさん咲いていたよね」など、記憶や体験と結びつけるような言葉かけで、季節の変化に目を向けたり、自然の不思議さを感じたりできるようにしていきましょう。

5歳児 のPOINT

個々の気づきを取りあげていく

「葉っぱが赤や黄色になったけれど、緑色のままのものもあるよ」「種類が違うのかな」と気づく子もいるでしょう。そうした姿には、「○○ちゃんがこんなことを教えてくれたよ」と、クラス全体にその気づきを知らせていきましょう。「春になったら、また緑色の葉っぱが生えてくるのかな」など、自然の循環にも目を向けられるような言葉をかけていくのも大切です。また、虫にくわしい子や、花が好きな子なども出てきます。「○○くんが虫の名前を教えてくれたよ」「○○ちゃんはお花にやさしくしてくれたよ」など、それぞれのすてきなところを取りあげ、一人ひとりが自分を発揮できるようにしていきましょう。

5歳くらいになると、「どうして季節が変わるの?」「なんで昼と夜があるの?」などの疑問を抱く子もいます。「先生もわからないから、図鑑で調べてみよう」と提案したり、「小学校に行ったら、もっといろいろなことを先生が教えてくれるよ」と伝え、就学への期待につなげていくのも一案です。

造形遊び

遊び

THEME 07 →

PLAY

子どもの発想は、とても豊かです。「こうしてみたら?」「ここはこうだよ」などと
大人の考えを押しつけたりせず、思いのままに描いたり、塗ったり、貼ったりして
自由に表現する楽しさを感じられるように関わっていきましょう。

0・1・2歳児

Scene 1

イメージを
ふくらませる

子どもたちがイメージをふくらませ、「もっとこうしてみよう」という意欲につながるような言葉かけをしていきましょう。

描く意欲をかき立てる

カエルのかさ作りをする1歳児。「カエルさんのお散歩がもっと楽しくなるように、すてきなかさを作ってさしてあげよう。カエルさん、どんなかさが好きかなぁ」。想像をふくらませる言葉かけが、子どもたちの「描きたい」気持ちにつながっていきます。

『カエルさんと同じ緑色!カエルさんもきっと喜んでくれるね』

『カエルさん、雨が大好きなんだって』

『すてきなかさを作ってさしてあげよう』

想像力や感性を育む言葉を

子どもが描いたり、作ったりしているものが何かに見えてきたら、「○○みたいだね」など、イメージがわいたりふくらんだりするような言葉かけを意識しましょう。また、「このブドウは、どんな味かな?」「ウサギさん、どこに行くのかな?」など、感性やイメージ力を育む言葉をたくさんかけていきたいですね。

『○○を描いたんだね!どんな味がするのかな?』

+ アイデア

本物を取り入れる

スタンプでアジサイ作りをする2歳児。「アジサイって、小さい花がたくさん集まって大きな花になっているんだね」。本物を準備することで、アジサイがどのような花の形かがよくわかり、子どもたちも製作のイメージがわきやすくなります。

SCENE 2

思いや表現を受け止める

線を描いただけで何かの形が浮かびあがってくるおもしろさを共有しましょう。

＋アイデア

子どもの気持ちを保護者にも伝える

絵を描いたり作品を作ったりしているときの子どもの気持ちを、保護者にもていねいに伝えていきましょう。そこに込められた思いやポイントが伝わると、保護者も子どもの成長を実感できます。

「○○ちゃんの好きな△△を描いてみる？先生、楽しみに見ているね」

のびのび描けるようにあと押しする

「こうやって描いてごらん」などと大人が先回りして伝えるのではなく、一人ひとりの思いをくみ、のびのびと描いたり作ったりできるようにあと押しをしましょう。また、何を描いたのか、どんなところをがんばったのかなどを聞きながら、「かわいいね」「すてきだね」と、その子なりの表現を認めていきましょう。

「グルグルでもトントンでもいいよ」

自己表出できるように

どのような描き方でもよいことをわかりやすく伝えます。また、「♪グールグル」「♪トントントン」など、動きの様子をリズムにのせて表現すると、一緒に点画を楽しんだりする姿も見られます。表現することは、自己表出でもあります。思い切り自己表出できるように援助しましょう。

「きれいなお花がたくさん咲いたね！」

決して否定しない

スタンプを押す範囲をはみ出してしまい、不安そうな子。しかし、「違うよ」などと否定するのではなく、「たくさんお花が咲いたね」とその姿を受け止めていきます。

Scene 3
製作をしたがらない子に

無理強いせずに少しずつ経験を重ね、描いたり作ったりすることの楽しさや満足感を得られるようにしていきましょう。

「きれいになって気持ちいいね！」

安心感を得られる環境と言葉かけを

絵の具やのりなどで手が汚れることを嫌がる子もいます。手ふきを近くに置いておき、ふけばきれいになることを知らせて安心できるようにしていきましょう。また、「先生の手の上に○○ちゃんの手をのせてね」と言って、一緒におこなうのも一案です。

「見ているだけでもいいよ。やりたくなったらやろうね」

「○○ちゃんみたいにやってみる？」

まわりの子の様子を知らせながら

最初から「やりたくないならいいよ」ではなく、まずは誘ってみることが大切です。その上で、見ているだけでもよいことを伝え、まわりの子の姿を一緒に見て楽しさを知らせたりしながら、興味をもてるまで待ちましょう。2歳くらいになると、友達が保育者から「すてきだね」などと声をかけられているのを見て、「ぼくもやってみよう」という気持ちになることもあります。

＋アイデア
一つ一つに言葉を添えながら

手形や足形を取ることの多い0歳児。絵の具の感触に驚いて泣いてしまう子もいます。「くすぐったいかな」「冷たいね」「○○色になったね」「ぺったんしようね」など、感触や色、動作を一つ一つ言葉で伝えながら、少しずつ絵の具に慣れていけるようにしましょう。

まとめ

● 保育者も一緒に楽しみながら「かわいいね」「○○だね」などと言葉をかけて子どもの表現を受け止めたり、イメージをふくらませたりしていく。

● 製作をしたがらない子には無理強いせず、友達の姿を見たりしながら楽しさを伝えるなど、一人ひとりのペースを大切にする。

3・4・5歳児 言葉かけの ポイント

3歳児 のPOINT

「先生も作ろうかな」と 一緒に楽しみながら

粘土を丸めたり、細長くしたりと、形が変わるおもしろさを感じるようになってきます。「先生も作ってみようかな」と一緒に体験しながら、その楽しさを共有していきましょう。描画では、頭足人を描く姿が見られるようになり、色への興味も広がってきます。「黄色だね」「丸がいっぱいだね」など、色や形を表す言葉を添え、自由に表現する喜びを味わえるようにしていきましょう。

4歳児 のPOINT

「それもいいね」と 個々の工夫を認める

目的をもって作ることを楽しんだり、工夫したりするようになります。「○○ちゃんは、こんな工夫をしているんだね」と言葉をかけ、友達の姿にも目を向けられるようにしていきましょう。また、その工夫を「すてきだね」と認めることで、子どもは"自分なりの表現"ができるようになっていきます。「そうじゃないよ」ではなく、「それもいいね」。もっと作りたいという気持ちになる言葉を添えていきましょう。

5歳児 のPOINT

すてきなところを具体的にほめる

目的をもって作ることを楽しみ、さらにそれで遊ぶようになる5歳児。「△△をするために、□□を作ろう」と、大人数で役割分担をしながら造形遊びを楽しむようにもなります。そうした姿に対して、保育者は「この部分がすてきだね」と、工夫や発想を具体的にほめたり、認めたりしていきましょう。ただし、子どもが手を動かしているときには、あまりしゃべりかけないようにします。集中している時間を邪魔しないことが大切です。区切りのときに、その子が時間をかけて力を入れて取り組んでいるところをほめたり、認めたり

していきましょう。
また、例えば描画活動の際には、1回でおしまいではなく「もう1回描いてみようか」と、何度でも描いて楽しめる時間がもてるといいですね。最初は見たままを描くことが多いですが、くり返し描く中で子どもたちはどんどんイメージをふくらませ、それを表現する姿が見られるようになります。工夫したところをみんなに話す場面をつくるなどして、子どもが造形遊びを楽しみ、表現するおもしろさを感じられるようにしていきましょう。

遊び

→ 散歩・社会とのつながり

園外では、季節ごとに様々な植物や生き物に出合うことができます。また、電車やバス、消防車など、子どもたちが大好きな乗り物にも出合えるチャンスです。開放感を味わったり、園内とは違う環境を経験することで、ものや人への興味がより広げられるように援助していきましょう。

0・1・2歳児

Scene 1
「本物」を見て、知る

散歩先には、絵本や写真でしか見たことのなかった「本物」がたくさん！ 大きさや形、雰囲気を体で感じましょう。

『消防車だね。大きくてかっこいいねー！』

言葉とものをつなぐ

散歩で消防署を訪れた子どもたち。はじめは恐る恐るといった様子でも、本物の大きな消防車にひかれるように近づいていきます。指差しには「消防車だね」「大きいね」「赤いね」と言葉にして受け止め、言葉とものをつないでいきます。

『あれ、何だろう？近くまで行ってみようか』

『大きな鏡！○○ちゃんのお顔が映っているよ』

SCENE 2

体をたくさん動かす経験

自然の中で思い切り体を動かしたり、少しず
つ歩行距離を延ばしたりして、散歩を楽しめ
るようにしていきましょう。

『今日はたくさん
歩けたね！
大きくなったね』

『先生も一緒に
かけっこしたいな。
待て待てーー！』

「先生も一緒に」

園外ならではの広いスペースを使った、開放的な遊び
に誘ってみましょう。保育者や友達と一緒に体を思い
切り動かして楽しむ経験は、心と体の成長を促します。

歩けたことを
達成感や自信に

お散歩車やベビーカーを併用
しながら、それぞれの子の
ペースに合わせて歩く経験を
積み重ねていきます。歩ける
距離が延びて、新しい場所ま
で行けたときには、達成感が
味わえるような言葉をかけて
自信につなげていきましょう。

『お外を歩くのって、
気持ちいいね！
○○ちゃんも歩いてみる？』

scene 3

地域との関わり

街並みやお店、行き交う人々など、散歩先には園や家庭とは違った環境があり、様々な人が暮らしていることを知るきっかけになります。

『○○ちゃんのママだ！こんにちは！』

『ワンワン、かわいいね。バイバイできるかな？』

『おいしそうなにおいがするね。何のお店かな？』

出会いの楽しさを感じられるように

園児の保護者に出会ったり、いろいろなにおいを感じたり、イヌやネコなどの動物に遭遇したり。園外ならではの出会いの楽しさを感じられるような言葉を添えながら、散歩を楽しみましょう。散歩を通して地域の人たちとつながることは、「見守りの目」を増やすことにもつながります。

＋アイデア

おまわりさんにもあいさつ

近くに交番がある場合は、散歩のときにその前を通り、おまわりさんにあいさつをすることを習慣にするのもいいですね。おまわりさんが子どもたちの顔を覚えてくれて、防犯につながります。

まとめ

● 園外ならではの出会いや発見を言葉にし、子どもたちと驚きやうれしさを共有する。また、体を動かすここちよさを感じられるように、保育者も一緒に楽しむ。

● 散歩を通して地域の人たちとのつながりを深めることで、防犯効果を高めていく。

3・4・5歳児
言葉かけの ポイント

3歳児 のPOINT

「気持ちがいいね」と開放感を共有

散歩では、園内で過ごすのとはまた違った開放感を味わうことができます。「気持ちがいいね」と、広い空間で心を開放するここちよさを感じられるようにしていきましょう。また「いろいろなお店があるね」「何やさんかな？」と言いながら、園外環境への興味や好奇心を育んでいきます。「ここは危ないね」「こうしようね」と、気をつけることをくり返し伝えていくことも大切です。

4歳児 のPOINT

出会いや発見を楽しめるように

いろいろなお店があることを知ったり、自然物を発見したりと、少しずつ視野が広がってきます。「○○ちゃんがこんなことを見つけたよ」と取りあげ、出会いや発見の楽しさをみんなで共有したり、好奇心を高められるようにしていきましょう。また、例えば夏には、散歩道でセミの死がいを見つけることも。生き物の命などにも目を向けるきっかけにしていけるといいですね。

POINTS FOR TALKING

5歳児 のPOINT

共通の体験で遊べるよう橋渡しを

園外環境への興味や関心が高まり、散歩先でも気づきや発見が増えてくる5歳児。「○○ちゃんが気づいたことを教えて」と言葉をかけ、外に目を向けることの楽しさや、気づいたことを人に伝える喜びを感じられるようにしていきましょう。
散歩には、自分の住む街に様々なお店があることやそこで働く人がいること、街の様子や、交通・公共の場でのルールを知るなどの意味があります。5歳くらいになると、それらの体験をごっこ遊びで再現して楽しむ姿も見られるようになります。このとき保育者が「昨日のお散歩で見た△△やさんかな？」などと言葉をかけることで、まわりの子も「じゃあ、私は□□やさんを作ろう」「ここは道路で、△△やさんがあって、お客さんがいて……」と、イメージをふくらませながら、遊びを広げていく姿が期待できます。
散歩の途中で宅配便やさんや郵便やさんを見かけたときには「何のお仕事かな？」と言葉をかけ、様々な職業に目を向けられるようにしていくことで、好奇心を高め、友達との共有体験を増やすことにもつながっていきます。

遊び

THEME 09 行事

園では、1年を通して様々な行事があります。子どもたちにとって、行事という特別な雰囲気を味わう経験はとても大切です。みんなと一緒の特別な体験は、大きな成長をもたらします。その歳児ごとに無理のない形で参加し、興味を広げたり、楽しんだりできるように援助していきましょう。

0・1・2歳児

scene 1
特別な場所に慣れる

行事の前に「特別な場所」に慣れることから始めます。体調や機嫌のよい子から、探索の機会をつくりましょう。

『お楽しみ"があるから、ホールに行ってみよう！』

よいしょ♪

行く場所と目的を伝える

これからどこに行くか、そこには何があるかを伝えてから出発。例えば、保育室とは違う階にホールがある場合には、階段を登る（または降りる）と、「特別な場所」であることが子どもたちにも伝わるようになります。

『お兄さんやお姉さんがいるね。"入れて"してみよう』

「入れて」をしてから

年上の子どもたちが、発表会の練習をしているところにやってきました。そこには、お兄さんやお姉さんがいること、「入れて」をしてから入ることを伝えます。年上のクラスの活動をのぞくと、異年齢での関わりにもつながっていきます。また、年下の子どもたちがいることで、年上のクラスの子どもたちの意欲も高まります。

SCENE 2
事前の雰囲気づくり

保育室を装飾したり、絵本や歌で気分を盛りあげたりすることで、当日に向けて気分を高めていきます。

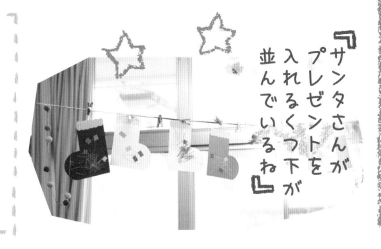

『サンタさんがプレゼントを入れるくつ下が並んでいるね』

『見て！クリスマスツリーにかわいい飾りがたくさんついているよ』

『どんな音がするかな？ "リンリン"って聞こえるよ。トナカイさんのベルと同じだね—！』

行事にまつわるワードを

子どもたちが、特に楽しみしている行事の一つがクリスマス。「サンタさん」「トナカイさん」「プレゼント」「かわいい飾り」「クリスマスツリー」など、当日に向けて気分が高まる言葉をたくさんかけていきましょう。

気持ちを高める絵本×言葉かけ

絵本は、子どもの想像力や感性をみがきます。「絵本にも登場するサンタさんが、もうすぐ自分のところへやってくる！」。絵本の力と言葉かけで、わくわくする気持ちをさらに高めていきましょう。

『もうすぐサンタさんが来るね。プレゼントは何かな？楽しみだね』

『先生、ここにいるよ。トンネルくぐって、おいでーー！』

バタバタ

SCENE 3

特別な日を感じる

運動会などで観客がいるのを見たり、にぎやかな音がしていたりする「いつもと違う体験」は、子どもをひとまわり成長させます。

ふだんの遊びの延長で安心感を

いつもと違う体験が子どもをひとまわり成長させる一方で、いつもと違う雰囲気にとまどいや不安を感じる子もたくさんいます。運動会では、好きな遊びを種目にし、無理なく参加できるようにするとともに、「近くに先生がいる」、という安心感をもって参加できるようにしていきましょう。

ペタペタ

『みんなで掘ったおいもが、スタンプになったね』

SCENE 4

次の日以降の遊びにつなげる

行事が終わったあとの余韻も大切にしたいもの。「楽しかったね」と振り返ることで、行事がより子どもたちの心に残るものになっていきます。

楽しかったことを振り返りながら

いも掘り後、いも版を作ってスタンプ遊び。いも掘りのどんなところが楽しかったかを振り返りながら、食べるだけではなく、小さなおいもや、おいもの端っこを使ってできる遊びの楽しさも伝えていきます。運動会のあとには「運動会ごっこ」、クリスマスのあとには「サンタさんごっこ」、お正月には「郵便やさんごっこ」など、様々な遊びへとつなげていきましょう。

『大きなおいもがたくさん掘れて、楽しかったね！』

まとめ

● 行事の前に、場所に慣れたり、雰囲気を感じたりできる機会をつくり、当日を楽しみに迎えられるようにする。

● 行事だけで完結させず、子どもたちと楽しかったことを共有しながら、新たな遊びへと展開していく。

3・4・5歳児 言葉かけのポイント

3歳児のPOINT

がんばっていた場面を具体的に取りあげる

練習ではできなかったことが本番ではできたり、挑戦する姿が増えたりと、行事を経験すると子どもたちはひとまわり成長します。行事を通していつもと違う時間や場を共有することで、遊びや人間関係も広がっていきます。行事のあとには「○○ちゃん、△△をがんばっていたね」「上手にできて、先生うれしかったよ」と具体的な場面を取りあげて認め、達成感や次への意欲を育んでいきましょう。

4歳児のPOINT

自己肯定感を育む関わりを大切に

3歳児と同様、がんばって取り組んでいたところを具体的に伝えます。また、ふだんは見られない一面が見られたときには「○○ちゃんのこんな姿を見られて、うれしかったよ」と伝え、自己肯定感を育んでいきましょう。5歳児を見て、見通しをもてるようにすることも大切です。「できない」と言う子には「あのときがんばっていた姿を先生は見ていたよ」と伝え、自信をもてるようにしていきましょう。

POINTS FOR TALKING

5歳児のPOINT

年下のクラスの子の言葉も伝えながら

行事は異年齢児との関わりが多く、5歳児は"期待されている存在"として、気持ちがワンランクアップします。自分自身の成長を、まわりから言葉をかけられることで実感するようにもなります。「4歳児さんがすごいって言っていたよ」と年下のクラスの子どもの言葉を伝えたり、「2歳児さんにやさしくしてくれて、うれしかったよ」と保育者の気持ちを伝えたりして、自信や誇りを育んでいきましょう。

4歳さんがかっこよかったって言ってたよ!

著者紹介

石川洋子 (いしかわ ひろこ)

文教大学教育学部教授

専門領域は保育学、発達心理学。「子育て支援」「保育者の相互支援」や「異年齢保育」を研究テーマとし、保育者や乳幼児の保護者を対象に、数多くの講演活動をおこなう。著書に『ひとりっ子育てで大事にしたい20のこと』（PHP研究所）、『子育て支援カウンセリング—幼稚園・保育所で行う保護者の心のサポート—』（図書文化社）など。また、高校の家庭科の教科書（「家庭基礎」「家庭総合」など）（大修館書店）の執筆もおこなう。

０・１・２歳児ページ取材協力・写真提供

千葉県柏市

〜取材にご協力いただきましたたくさんの先生方と
子ども達に厚く御礼申し上げます〜

石川洋子

STAFF

装丁・本文デザイン／ ohmae-d
撮影／花田真知子　亀井宏昭
本文イラスト／池田蔵人
編集／丸山文野　中村由美

一人ひとりの育ちをサポートする

子どもの心に寄りそう言葉かけ

2020年11月1日 初版発行Ⓒ

著　者　　石川洋子
発行人　　竹井 亮
発行・発売　株式会社メイト
　　　　　〒114-0023
　　　　　東京都北区滝野川7-46-1
　　　　　明治滝野川ビル7F・8F
　　　　　電　話 03-5974-1700（代）
製版・印刷　光栄印刷株式会社